장애인 보건의료

장애인
보건의료

한뼘문고
05

김소영, 박종혁 지음
돌봄과미래, 한국장애인보건의료협의회 공동 기획

건강
미디어
협동조합

지은이 김소영

보건정책을 전공한 대학 교수. 현재 한국장애인보건의료협의회에서 추진하는 장애인 건강권 교육, 장애인다학제주치의팀 활성화 사업 및 장애와 건강 연구 확산 사업에 참여

지은이 박종혁

예방의학 전문의, 충북대학교 의과대학 교수. 장애와 건강불평등을 주제로 연구자와 실천가로 살아가려 노력. 현재 장애인 당사자와 보건의료전문가 단체들의 협의체인 한국장애인보건의료협의회에서 활동

기획 돌봄과미래

아프다고, 늙었다고, 장애를 가졌다고 병원이나 시설에 가지 않아도 되는 삶, 자신이 인간다운 생을 이어가는 삶, 가족이 돌봄 부담을 떠안지 않는 삶을 만들기 위해 만든 비영리공익법인 '사회운동단체'

기획 한국장애인보건의료협의회

장애인의 건강하고 행복한 삶에 이바지하는 것을 목표로 장애인 건강 관련 제도 및 근거 마련을 위해 노력. 모든 장애 유형의 분야별 전문가 및 장애인 당사자로 조직을 구성한 국내 유일의 다학제적 전문조직

여러분의 참여로 이 책이 태어납니다.
씨앗과 햇살이 되어주신 분들, 참 고맙습니다.

강민지 김나연 김동길 김미희 김정은 김형경 김희정 민앵 박기수 박왕용 박종은
박주석 백재중 송직근 심재식 여준성 우석균 윤종률 윤주영 이경민 이미라 이지혜
이혜선 임종한 임형석 장경호 장숙랑 전선율 전진용 정일용 조경애 조원경 조주희
천희정 최규진 최봉섭 최용준 허선 홍승권   (39명)

차 례

돌봄 연재를 시작하며

김용익

〈(재)돌봄과미래〉 이사장

이 책은 (재)돌봄과 미래가 기획한 돌봄 시리즈의 첫 번째 저작물이다.

지역사회 돌봄은 다양한 요소의 결합체이며, 한국에서는 정책 형성의 초기 단계에서 이런저런 시도가 이루어지는 중이다. 미래의 돌봄에서 중요한 요소가 될 활동들이 이미 여러 분야에서 시행되고 있으며, 아직은 존재하지 않은 요소들도 해외 사례 등을 통해 소개되고 있다. 그러니 사람마다 이해하는 바가 다르고, 지향점도 다르다. 지금 상황에서 당연한 일이기는 하나, 이러한 혼란을 조금씩 정리해 가면서 합의된 개념을 만들어 나가는 작업은 돌봄의 발전을 위해 그만큼 중요한 일이기도 하다.

이 기획은 지역사회 돌봄의 각 주제의 개념을 정리해 나가려는 의도에서 마련한 것이다. 길지 않은 소책자의 형태로 지금까지의 개념을 정리하고, 새로운 논의를 발전시키는 출발점을 만들어 가고자 한다.

이번 책의 주제는 '장애인 보건의료'이다. 지금까지 논의된 장애인의 건강과 보건의료 개념을 정리하고, 영국, 스웨덴, 일본 등의 해외 사례를 소개한다. 이어서 한국의 현 상황을 비판적으로 설명하고, 앞으로 지향해야 할 방향을 제안하면서 마무리한다. 짧지만 알찬 내용을 담아 정책 수립의 각 담당자, 언론인, 연구자, 학생들이 이 한 권으로 개념을 정리하고 새로운 사고를 하도록 돕는다. 이 책은 특히 한국장애인보건의료협의회와 공동으로 기획하고, 김소영, 박종혁 교수가 저술을 맡아 주었다. 이번 공동기획을 계기로 앞으로 관련 단체들과 더 좋은 돌봄을 위한 정보공유와 연대에 힘쓰고자 한다.

(재)돌봄과 미래와 건강미디어협동조합은 이런 연구물의 출간을 앞으로도 계속 이어 나갈 것이다.

추천하며

김미희

고려대학교 대학원 보건학협동과정 박사과정, 19대 국회의원

저자는 가려진 상태라 관심 갖고 깊이 들여다보지 않으면 안 보이는 부분을 드러내 보여준다. 글 중 '국가건강검진에서 여성장애인의 자궁경부암 검진의 2015년 연령표준화 수검률을 보면 비장애인 53.5%, 장애인 42.1%이다. 특히 중증 장애인의 수검률이 낮은데 장애 유형 중 자폐장애 6%, 지적장애 25%, 뇌병변장애 31%, 요루장루장애 36%, 정신장애 43%'(24쪽)라는 대목에서 놀랐다.

저자는 검진 수검률이 낮은 이유로 '의료기관까지 이동의 어

10

려움, 의료기관 내 장애인용 시설 및 장비 부족, 비용 부담, 의사소통 장애, 낮은 장애 감수성, 각 장애 유형에 맞는 검진 안내 및 지원 서비스 부재 등 장애 친화적 검진제도의 부재'를 알려 준다.

바로 공감하며 정부가 이 부분을 해결해야 한다고 느꼈다. 중요한 내용들을 쉽게 읽고 잘 이해하도록 손잡고 안내하는 저자에게 감사드린다.

들어가며

장애인이 건강하게 산다는 건 어떤 모습일까? 우리는 자신도 모르게 장애인은 건강하지 않다고 혹은 건강하지 않은 상태를 피할 수 없다고 생각하지는 않을까? 설혹 '장애=건강하지 않은 상태'라고 생각하지 않아도 장애인이 건강할 수 있을까 물으면 '그렇다'고 선선히 대답할 수 있을까?

장애인이 건강하게 살아가는 데에 무엇이 장애물로 작동하며 어떤 게 필요하고, 보건의료 부문은 어떤 역할을 해야 할까? 우리는 이런 질문에 답을 찾기 위해 장애와 건강의 개념을 정리하고, 실태를 파악하며, 국내외 장애인 보건의료 제도 현황을 점검해 보고자 한다.

장애와 건강의 개념과
보건의료의 변천

1. 장애와 건강 개념의 변천

:

1) 장애의 정의와 장애출현율

세계보건기구(World Health Organization, WHO)가 장애와 건강을 주제로 처음 발간한 「세계장애보고서(World Report on Disability, 2011)」1장에 기술한 것처럼 장애는 '복잡하고 동적이며 다차원적이고 논쟁이 많은 개념'이다.

나라마다 혹은 사업별로 장애에 대한 구체적인 정의는 차이가 있지만, 대체로 많은 국가에서 '신체적, 정신적 장애로 오랫동안 생활하는 데에 상당히 어려움을 겪는 경우'에 장애가 있다고 정의한다. 우리나라의 「장애인복지법」에서도 장애인은 '신체적, 정신적 장애로 오랫동안 일상생활이나 사회생활에서 상당한 제약을 받는 자'를 말한다고 명시하고 있고, 영국의 「평등법(Equality Act)」에서도 '보통의 일상활동을 수행하는 능력에 실질적이고 장기적으로 부정적 영향을 미치는 신체적 또는 정신적 장애가 있는 경우'로 정의하고 있다.

그러나 앞서 언급한 대로 실제 장애출현율을 살펴보면 국가마다 차이가 크다. 「세계장애보고서」에 실린 미국, 영국 및 캐나다의 장애출현율은 약 20%에 달하지만 우리나라는 4~5%로 크게 차이 난다. 호주에서 인구센서스와 장애 설문조사 결과에 따른 장애출현율은 각각 4.4%, 20.0%로 같은 나라에서도 법률이나 조사 목적에 따라 장애출현율이 다르다.

'의학적 손상' 또는 '특정한 건강 상태'에 초점을 두어 장애를 정의했는지 또는 의학적 손상 이후 사회활동이나 참여에 제약을 받는 경우까지 포괄해 장애를 정의했는지에 따른 차이로 평가된다.

[표 1] 주요국의 장애출현율　　　　　　　　　　　　　　단위: % (연도)

	우리나라	미국	영국	독일	호주	일본	캐나다	프랑스
인구센서스 기준	4.6 (2005)	19.3 (2000)	17.6 (2001)	8.4 (2007)	4.4 (2006)	–	18.5 (2001)	–
장애 서베이 기준	–	14.9 (2007)	27.2 (2002)	11.2 (2002)	20.0 (2003)	5.0 (2005)	14.3 (2006)	24.6 (2002)

* 자료 : WHO, World report on disability, 2011
** 본 보고서에는 포함되지 않았으나 우리나라는 1990년 1차 조사 이후 5년마다, 2007년부터는 3년마다 장애출현율을 조사. 가장 최근인 2017년 장애출현율은 5.4%.

2) 장애의 역사와 개념 모델

이처럼 장애출현율이 다른 건 '장애'가 사회적 용어이기 때문이다. 역사적으로 장애 개념은 시대상을 반영하며 변해 왔고 이는 다시 보건의료 영역에서 '장애와 건강' 문제를 다루는 방식에 투영되었다(Drum CE, 2009).[1]

원시시대 수렵 채취 활동이 어려운 장애인은 공동체의 생존에 기여할 수 없어 구성원의 묵인 아래 버려지거나 죽임을 당했다. 중세시대에 접어들어 장애는 종종 신이 내린 징벌 또는 악령이 들린 상태라는 낙인 아래 버려지거나 광대처럼 유희의 대상이 되었다. 1800년대 말 의학의 발달과 함께 장애를 '의학적' 문제로 바라보기 시작했다는 점에서 이전보다 한발 더 나갔지만 '병자'라는 낙인은 장애인을 시설에 가두는 (Institutionalization) 근거가 되었다(박종혁 등, 2024).

대다수 보건의료계는 장애를 생리적 또는 인지적 기능이 손상된 상태로 정의하고 이를 치료하기 위한 조치에 초점을 둔 '의료적 모델'에 근거해 장애를 정의한다. 그러나 이 모델은 장애를 비정상적인 상태 혹은 치료의 대상으로 간주하기 때문에

---

1. Drum CE, Krahn GL, Bersani H, "Disability and pubic health" *American Public Health Association*, 2009 자료를 표시. 이후 동일하게 필자와 연도만 기록함. 자료들의 전체 정보는 책 뒤편 〈참고문헌〉 확인 바람

사회문화적, 환경적, 정치적 요소 등 장애 상태를 결정하는 다른 중요한 부문이 무시되는 한계가 있다.

의료적 모델의 프리즘으로만 장애를 보는 경우 자원과 예산 배분 등 정책 설계 시 건강의 사회환경적 맥락을 배제한 채 '치료'에 국한해 제도가 설계될 수 있어 위험하다(김소영, 박종혁, 2022).

이후 의료적 모델의 대안으로 '기능적 모델'이 제시되었다. 이 모델은 손상 자체보다는 손상으로 인한 '기능적 제한', 예컨대 이동하거나, 일하거나, 독립적인 생활을 수행하는 능력 등을 기준으로 장애 여부를 판단한다. 손상 자체보다는 기능 향상을 위한 보건의료 서비스를 강조한다는 점에서 의의가 있으나 여전히 장애를 개인의 문제, 의학적 문제로 간주한다는 점에서 한계가 있다.

20세기 중반 시민권의 성장과 함께 장애인 권리 신장 운동이 전 세계적으로 일어나면서 장애는 결국 손상 자체로 발생하는 게 아니라 사회구조의 결과물이라는 '사회적 모델'이 주창된다(Drum CE, 2009). 즉, 장애인의 활동 능력은 접근 가능한 환경에 달려 있다는 것이다. 예컨대, 휠체어를 탄 사람이 출근길에 버스를 타려는데 저상버스가 없거나 혹은 버스의 리프트 가동 시간이 길다는 이유로 탑승을 거부당하면 그 사람은 그 순간 장애인이다.

사회적 모델은 개인 대 불리한 사회적 환경의 상호작용 속에 장애가 존재함을 설명함으로써 장애에 대한 사회적 인식을 전환하고 탈시설화(Deinstitutionalization)를 포함한 폭넓은 접근 방식의 근거를 마련했다는 데에 의의가 크다.

그러나 사회적 모델은 의학적 상태를 치료하는데 집중하는 의학적 모델을 부정함으로써 실질적인 의료적 필요를 간과할 위험이 있다. 장애인의 통증과 만성질환은 사회적 모델이 다루지 않으나 실제 많은 장애인이 겪는 매우 중요한 이차적 문제의 대표적인 예이다(김소영, 박종혁, 2022).

세계보건기구는 보건의료 영역에서 장애를 정의하기 위해 1980년 국제장애분류(International Classification of Impairments, Disabilities and Handicaps, ICIDH)를 최초로 개발하여 공표했다. ICIDH는 정신적, 생리적, 해부학적으로 구조나 기능이 소실되었음을 의미하는 손상(Impairment), 손상으로 인한 기능적 제한을 뜻하는 기능장애(Disability), 장애의 사회적 결과인 사회적 불리(Handicap)를 구별해 명시했다.

그러나 ICIDH는 기능 제한에 국한해 장애를 해석하고 있어서 이에 대해 많은 비판이 일었다. 이후 1997년 ICIDH-2를 개발하고 수년간의 현장 검증과 국제회의를 거쳐 2001년 기능, 장애, 건강에 대한 국제분류(International Classification of Functioning, Disability and Health, ICF)를 확정한다. 그해 5월 세계보건총회(World Health Assembly)에서는 ICF가 세계적으로 통용될 수 있도록 승인했다.

ICF가 ICIDH와 비교해 크게 다른 점은 장애의 독립적인 정의와 기준을 제시하지 않는 대신 신체기능과 구조, 활동, 참여라는 세 가지 영역 모두에서 또는 어느 한 영역에서 마주치는 어려움으로 장애를 이해하고, 개인이 속한 맥락적 요인(환경적 요인과 개인적 요인)을 통해 전체적인 양상을 포착하는 보다 포괄적인 개념이라는 것이다.

장애도 건강의 개념처럼 이분법적 구분이 아니라 연속선(Continuum) 위에서 보아야 한다는 점에서 세계보건기구가 제안한 ICF는 의료적 모델과 사회적 모델의 통합적 성격을 띤다. 현재 전 세계적으로 신체기능과 구조, 활동, 참여라는 세 가지

[그림 1] 세계보건기구의 기능, 장애. 건강에 대한 국제분류(ICF) 모식도

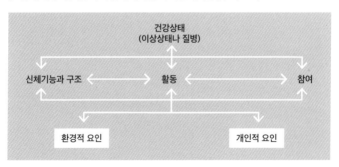

* 자료 : 한국장애인재단, 『세계보건기구 세계장애보고서』, 2012

측면에서 장애의 전체적인 양상을 포괄적으로 파악하고 각각에 상호 영향을 미치는 환경 요인과 개인 요인을 고려하는 접근 방식이 널리 받아들여진다.

3) 장애와 건강의 관계

전동휠체어가 보급되면서 20세기 후반과 비교해서 일상생활에서 더 자주 장애인을 볼 수 있게 되었다. 또한 장애인에 대한 차별적 요소가 있는 제도들도 많이 개선되었다.

하지만 여전히, 어린 시절 학교생활부터 성인기 사회생활에 이르기까지 긴 시간 비장애인이 장애인과 함께 생활하거나 무엇인가를 같이 해본 경험은 턱없이 부족하다. 이런 상황에서 비장애인에게 장애인의 건강 문제는 자신의 경험 세계 바깥에 존재하는 문제이다. 비장애인은 장애인의 건강 문제를 관념적으로만 이해할 가능성이 크다. 비장애인과 장애인이 생각하는 장애, 건강에 대한 개념부터 다르다(박종혁, 2017).

1990년 미국 콜로라도 주에서 의료 전문직과 장애인을 대상으로 장애에 대한 태도를 조사, 분석한 연구가 있다(Gerhart KA, 1994). 이 연구에서는 대도시에 있는 1등급 외상센터 세 곳의 응급실에 근무하는 의료제공자(응급의료 전문의, 응급의료 전문 간호사, 전공의와 수련의) 233명에게 본인의 자존감(Self-esteem) 수준을 점수 매기도록 했다. 그리고는 본인이 사지마비 중증 척수장애인이라고 가정했을 때 자존감 수준이 어떨지 평가하도록 했다. 또한 실제 사지마비 상태에 처한 장애인 128명에게도 동일한 설문지를 이용하여 본인의 자존감 수준을 평가하도록 했다.

분석 결과 중증 척수장애인은 비장애인 의료제공자와 비슷한 수준의 자존감을 가진 것으로 나타났다. 그러나 응급실에서 근무하는 비장애인 의료제공자는 자기 스스로에 대한 자존감은 높게 평가한 반면, 만일 자신이 중증 장애인이라면 자존감이 그 절반에도 미치지 못하리라고 생각했다([표2]). 설문에 응

[표 2] 비장애인 의료제공자와 장애인이 평가한 자존감 수준

	비장애인 의료제공자		사지마비 환자
	자가보고	자신이 사지마비 환자라고 생각했을 때	자가보고
나는 가치 있는 사람이라 생각한다	98	55	95
나는 여러 가지 좋은 자질을 가졌다고 생각한다	98	81	98
나는 긍정적인 태도를 가졌다	96	57	91
나는 대체로 나 자신에 만족한다	95	39	72
나는 실패자라는 생각이 들곤 한다	5	27	9
나는 자랑할 만한 게 별로 없는 것 같다	6	33	12
나는 가끔 내가 쓸모가 없다고 느낀다	50	91	73
나는 가끔 내가 별로라고 느낀다	26	83	39

*자료 : Gerhart, KA, et al., "Quality of life following spinal cord injury: knowledge and attitudes of emergency care providers" *Annals of emergency medicine* 23(4):807-12, 1994

답한 중증 장애인의 68.5%는 매주 3회 이상 집을 나와 외출하고 있었는데, 의료제공자 중 44%만이 이 정도의 외출이 가능하리라 생각하고 있었다(박종혁, 2017).

장애인은 비장애인이 생각하는 것보다 건강하고 활동도 원활하다는 이야기를 하려는 것은 아니다. 이 연구 결과는 일반적으로 비장애인은 외견만으로(혹은 직관만으로) 장애인의 상태를 실제보다 훨씬 심각하게 가늠하고, 이에 따라 장애인의 삶을 실제보다 부정적으로 인식한다는 것을 실증적으로 보여준다.

장애에 대한 부정적 인식은 장애 정책의 중요한 기준으로도 작동한다. 부정적 장애 인식은 장애 정책이 치료 중심의 의학적 모델에서 보다 포괄적인 사회적 개념 모델로 나아가는 데에 장벽으로 작동할 수 있다.

그렇다면 보건의료계에서 '장애인=환자' 또는 '장애인=건강하지 않은 사람'으로 인식하는 게 왜 문제가 될까? 우선 복지와 보건이 별개의 문제가 된다. 아직 우리 사회에서 보건은 '질병이 있는 환자를 치료'하는 데에 집중하고, 복지는 '어려운 사람에 대한 시혜적 서비스'를 제공하는 것에 초점을 둔다.

실제로 장애인 건강에 대한 논의의 대부분은 장애와 관련한 급성기 치료, 급성기 의료재활[2]에 대한 재정적 지원책을 마련

---

2. '재활'은 정의하기에 따라 사건, 사고, 질병 등으로 인한 역동적 변화 과정에 대처하는 여러 중재를 아우르는 광의의 개념으로 사용하기도 하고, 신체적 기능 회복에 국한하는 개념으로도 사용한다. 여

하는 데 집중되어 있다. 그나마 급성기 치료를 뺀 만성기 혹은 유지기 '의료적 재활' 서비스는 아직도 턱없이 부족한 게 현실이다.

그러나 급성기 치료만큼이나 중요한(경우에 따라서 더 큰) 문제는 병원 밖으로 나온 장애인들이 경험하는 현실이다. 병원 밖 장애인은 시혜적 복지의 대상일 뿐 적극적 건강증진, 질병 예방의 대상이나 주체는 되지 못한다.

이런 접근 방식은 네 가지 측면에서 오류를 범할 수 있다. 첫째, 장애인의 삶의 질에 대한 부정적 인식은 모든 장애인은 본래 건강하지 않다는 잘못된 전제를 가정한다. 장애인은 장애 유형에 따라 특정 기능이 저하되지만 다른 영역은 비장애인과 마찬가지로 건강할 수 있다. 취약한 부분이 있으나 장애인의 건강은 불변의 상태가 아니라, 악화되거나 나아질 수 있는 '동적인 상태'이다. 즉 적극적 예방과 건강증진 노력이 없으면 기저 장애에 더해 장애인은 추가 질환의 발생 위험이 더 커진다.

1988년 마이클 마지(Michael Marge)가 이런 위험을 '이차적 장애(Secondary Disabilities)'라고 명명하면서 이 문제는 미국 내에서 주목을 받기 시작했고 이후 복지가 아니라 보건 영역에서 장애와 건강 문제가 논의되는 계기가 되었다(Marge M, 1988:

─

기에서는 통상 병원에서 제공되는 치료 서비스의 연장선에서 이루어지는 협의의 개념으로 재활이라는 용어를 사용했다.

IOM, 1991).

두 번째 오류는 치료 중심 접근 시 장애인은 이미 건강하지 않은 상태로 간주하기 때문에 예방의 영역에서 더 할 일이 없거나 혹은 할 수 없을 것처럼 보인다는 데 있다.

실제 우리나라 국가 암 검진자료와 장애 등록자료를 이용해 여성 장애인의 자궁경부암 검진 수검률 추이를 장애 유형과 등급별로 분석한 결과, 2006년부터 2015년까지 비장애인의 연령 표준화 수검률은 21.6%에서 53.5%로 31.9% 증가했으나 장애인은 20.8%에서 42.1%로 증가하는 데 그쳤다(Shin DW 등, 2018). 장애인의 수검률은 비장애인의 71% 수준으로 특히 중증 장애인은 비장애인의 42% 정도에 불과했다. 장애 유형 중 자폐장애(6%), 지적장애(25%), 뇌병변장애(31%), 요루장루장애(36%), 정신장애(43%)를 가진 장애인들은 특히 낮은 수검률을 보였다.

자궁경부암처럼 조기 발견이 사망률을 낮추는 데에 크게 기여하는 암에서 검진의 중요성은 널리 알려진 사실이다. 그럼에도 여성 장애인의 자궁경부암 검진 수검률이 낮은 데에는 의료기관까지 이동의 어려움, 의료기관 내 장애인용 시설 및 장비부족, 비용 부담, 의사소통 장애, 낮은 장애 감수성, 각 장애 유형에 맞는 검진 안내 및 지원 서비스 부재 등 장애 친화적 검진제도의 부재가 자리한다.

장애인은 이미 건강하지 않은 상태라 예방관리가 의미가 없다는 인식이 장애인 당사자와 보호자는 물론 의료제공자 및 정책 입안자 모두의 근저에 자리한 결과일 수 있다(김소영, 박종혁, 2022).

셋째, 장애나 장애인이라는 개념이 예방이나 건강증진과 부합하지 않는다고 보면 일반적인 예방관리 뿐 아니라 이차적 문제를 예방하고 조기에 관리할 기회도 박탈될 수 있다.

마이클 마지의 제안에 이어 1991년 미국 의학한림원(Institute of Medicine)은 이를 장애의 '이차적 문제(Secondary Conditions)'라는 용어로 재조명했다(IOM, 1991). 이차적 문제란 장애를 갖게 된 후에 나타나기는 하지만 반드시 기저 장애의 결과는 아닌, 적절한 중재로 예방가능한 문제를 말한다.

장애인은 일반 인구집단에 비해 만성질환 유병률이 높고, 만성 통증, 경직, 피로, 관절염, 성기능장애 이환율이 높으며, 불안, 우울, 고립감, 수면장애 등도 더 흔하다(Rimmer JH, 2011).

일례로 2008년부터 2017년까지 10년간 우리나라 국민의 체질량지수는 장애 유무에 관계없이 모두 증가하는 추세를 보였지만 고도 비만의 경우 장애인이 비장애인의 2배(2017년 기준, 9.9% vs 4.6%)가 넘는 격차를 보였고, 정신장애, 지적장애, 자폐장애가 있는 여성은 고도 비만 위험성이 비장애인 여성에 비해 4~5배 더 컸다(Lee DH 등, 2022).

다른 특기할 부분은 저체중이다. 비장애인에서 감소하는 경향을 보이는 저체중률이 장애인의 경우 감소하지 않은 채 높은 분율에 머물러 있다(김소영, 박종혁, 2022).

마지막으로 치료 중심적 장애 인식은 환경적 측면이 장애의 진행에 영향을 미치지 않는다는 생각을 갖게 할 수 있다.

이를테면 운송 수단, 보조 인력(청각장애인을 위한 수화 통역사, 시각장애인을 위한 활동보조사 등), 보조기기(청각장애인을 위한 화상 통화 기기, 실시간 문자 대화 장치, 지체뇌병변장애인용 휠체어, 높이 조절이 가능한 의료장비, 시각장애인용 확대경), 장애인용 안내문(발달장애인을 위한 쉽게 이해할 수 있는 안내문, 점자책), 의료인의 장애에 대한 이해 등이 장애인 건강관리를 위한 중요한 요소임에도 보건의료 영역에서 논의가 잘되지 않는다.

미국에서 진료에 대한 물리적 접근의 핵심 장벽으로 교통 문제를 선정해 연방교통관리국(Federal Transit Administration) 주관하에 보건복지부 산하 유관 기관 및 학회가 함께 워크숍을 개최하고 정책 제안을 도출해 보고서를 발간한 바 있다(NASEM, 2016). 이처럼 건강에 직간접적으로 영향을 미치는 부문은 보건의료에서 적극적으로 대응해야 한다(김소영, 박종혁, 2022).

실제 보건의료 현장에서 그 대상의 대다수가 장애인임을 고려할 때, 보건의료 활동이 성공적으로 안착하기 위해서는 프로그램을 설계할 때부터 장애를 제대로 인식하고 이에 맞춰 프로그램을 진행하기 위한 노력이 필요하다.

2014년 세계보건기구는 「세계장애활동계획 2014-2121 (World Health Organization Global Disability Action Plan 2014-2021)」을 발간하면서 장애인 보건정책 개발 시 아래와 같은 접근원칙에 따라 이뤄지도록 노력할 것을 권고했다(WHO, 2014).

> • UN장애인권리협약(United Nations Convention on the Rights of Persons with Disabilities)의 기준에 부합하게 사업을 설계한다. 가령 개인의 자율, 자기 결정권 및 독립 등 장애인의 존엄을 보장하고, 차별하지 않으며, 사회 통합을 가능하게 하는 수단을 강구하고, 장애인과 비장애인의 차이를 다양성으로 보며, 기회의 평등, 접근성 보장, 성평등, 장애아동 권리를 보장한다.
> • 보편적 건강보장을 지향한다.
> • 생애주기별, 돌봄(care)의 전 주기에 걸쳐 사업을 설계한다.
> • 다학제적으로 접근한다.
> • 사람 중심의 접근으로 장애인 역량을 함양한다.

가장 최근 세계보건기구가 발간한 「세계 장애인 건강불평등 보고서」에서도 모든 보건의료 사업의 중심에 장애인 건강불평등 이슈를 포함하고, 보건의료 사업을 시행할 때 장애인과 장애계의 참여를 보장하며 보건의료 사업이 장애인 건강 형평성으로 이어지는지를 모니터할 것을 권고했다(WHO, 2022).

2. 장애인의 건강 현황

:

새해가 되면 올 한해 서로의 건강을 기원하는 덕담을 주고받는다. 덕담에는 '어디 아프지 말고 올해도 잘 지내길 바랍니다'라는 의미가 담긴 것 같다. '어디'라는 말은 단순히 신체적 질병을 의미하는 게 아니라 마음도 건강하고 사회생활도 잘하길 바라며 사용하지 않았을까 싶다.

이처럼 건강이란 단지 질병이 없는 상태를 뜻하지 않는다. 세계보건기구에서도 1948년 처음으로 '건강이란 단순히 질병이 없거나 허약하지 않다는 것에 그치지 않고 신체적, 정신적 및 사회적으로 완전한 안녕 상태'라고 헌장에 명시했다.

세계보건기구는 한 걸음 더 나아가 1986년 오타와헌장에 '건강은 생활의 목표가 아니라 일상생활을 영위하는 활력소로 이해해야 한다'는 내용을 담았는데, 건강을 생물학적 역량으로만 보는 게 아니라 인간답게 살아가기 위한 수단으로 바라봐야 함을 강조했다는 점에서 의미가 있다.

생활 수단으로서 건강은 결국 건강을 해치는 것과 이로운 것 사이에 잘 균형을 이룬 삶(Well-balanced Life)을 강조한다. 실제 사회적으로 성공하고 의학적으로 신체든 정신이든 문제가 없더라도 스스로 삶의 보람을 찾지 못해 자존감이 낮은 사람에게 건강하다고 말하기 어렵다.

이처럼 동적인 개념인 건강은 신체나 정신장애가 있는지보다는 기존 상태에서 건강 잠재력(신체적, 정신적, 사회적 역량)을 키우고 건강에 해로운 요인들을 잘 해결해 갈 수 있느냐에 달려 있다. 이를 감안해 우리는 장애인의 질병 현황에 머물지 않고 건강의 잠재력과 건강 위해요인이 무엇인지를 통해 '건강'을 살펴보고자 한다.

1) 장애인 건강의 주요 영향 요인

20세기 중후반에 접어들어 만성질환이 감염성 질환을 대신해 주요 질병으로 자리 잡기 시작하면서 질병 치료를 건강과 등치시켜 생각했던 19세기와 20세기 초반의 관점에 대해 본격적인 문제 제기가 일어난다.

캐나다 정부는 1974년 「캐나다 국민 건강에 대한 새로운 시각(A New Perspective on The Health of Canadians)」이라는 보고서

를 발간했는데 이 보고서에서 건강 결정 요인으로 보다 포괄적인 개념 틀인 '건강의 장 개념(Health Field Concept)'을 제시한다.

건강의 장으로서 보건의료 체계(의료 서비스)뿐만 아니라 유전적 요인, 사회환경적 요인, 생활습관이 매우 중요하다는 새로운 개념을 제시한 것이다. 이 보고서를 계기로 각각의 영역이 얼마만큼 건강에 영향을 미치는지에 대한 연구가 여러 나라에서 이어졌다.

가장 최근 맥기니스 등(2002)도 여러 선행 연구를 검토해 조기 사망 예측에 있어 각각의 상대적 기여도를 도출했는데, 인구집단 조기 사망에 유전적 요인은 약 30%를, 교육 수준, 고용, 빈곤, 주거지, 사회적 결속력과 같은 사회환경은 약 15%, 독소 노출이나 전염병 등 물리적 환경 요인은 약 5%, 의료 서비스가 약 10%, 나머지 약 40%는 생활습관이 기여한다고 설명한다.

맥기니스 등이 제시한 각 영역의 기여도는 일반 인구집단에 적용하는 데 합리적이지만 장애 인구집단에는 잘 맞지 않는다. 예컨대, 유전적 상태와 관련된 장애를 겪는 사람에게 유전적 요인이 미치는 영향은 더 클 수 있고, 의료 서비스 필요도 역시 장애인에서 더 중요할 가능성이 크다.

그러나 그 무엇보다 교통과 편의시설 등 물리적 접근을 저해하는 요소, 사회문화적 차별, 배제, 무시, 낙인화 그리고 장애에 대한 이해 부족과 같은 태도의 장벽 등 사회환경적 요인은 비장애인과 비교해 매우 큰 건강 위해요인으로 작동해 장애인이 건강을 유지하고 증진하는 데 부정적인 영향을 미친다.

2) 장애인의 생활 만족도 및 보건의료 이용 과정 만족도

장애인 실태조사 결과들을 살펴보면 등록 장애인의 전반적인 생활 만족도는 2011년 조사(평균 3.1점)에서 거의 변동 없이 현재까지 평균 3.2점으로 유사한 수준을 유지하고 있다. 한편 문화 및 여가생활에 대한 만족도는 2.9점으로 감소했는데, 이는 코로나19 장기화로 문화생활이 어려웠던 상황의 영향으로 보인다.

생활영역별로 보면 상대적으로 건강 상태, 한 달 수입 및 여가활동에 대한 만족도가 가족관계, 결혼 상태 및 사는 곳 등에

[그림 2] 장애인의 생활 만족도 및 문화·여가생활 만족도

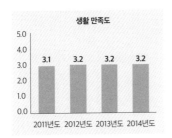
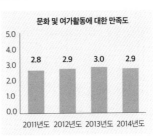

* 자료 : 보건복지부, 「2020년 장애인 실태조사 결과 발표」, 보도자료, 2021.4.20.
** 주 : (5점 기준) 5점 매우 만족 ~ 1점 매우 불만족

[표 3] 생활영역별 장애인의 만족도

	가족관계	친구들수	살고 있는 곳	건강상태	한달 수입	여가활동	하고 있는 일	결혼생활
2020년	3.8	3.3	3.6	2.8	2.8	2.9	3.4	3.7
2017년	3.8	3.4	3.6	2.7	2.7	3.0	3.5	3.7

* 자료 : 보건복지부, 「2020년 장애인 실태조사 결과 발표」 보도자료, 2021.4.20
** 주 : (5점 기준) 5점 매우 만족~1점 매우 불만족

대한 만족도보다 낮게 나타났다.

의료 이용 시 의료진(의사, 간호사)의 장애에 대한 이해도가 낮거나 의사소통이 원활하지 않다는 응답률은 지난 조사들에서 대체로 평균 5% 이내였으나 장애유형별로 살펴보면 지체장애, 시각장애, 청각장애, 언어장애, 지적장애, 자폐장애, 정신장애, 안면장애가 있는 경우 2배 이상 의료진의 몰이해와 의사소통의 어려움을 느끼고 있었다.

장애인 차별에 대하여 '없다'고 응답한 비율이 2020년 36.5%로 2017년 20.1%, 2014년 27.4%에 비해 상승하고 있지만 '차별이 있다'는 비율이 여전히 60%가 넘는다.

주로 이용하는 의료기관의 진료 장비(진찰대, 진료 의자), 검사 장비(체중계, 혈압계, 흉부 촬영기기, 골밀도 검사기기), 의료기관 내 이동 보조 장치에 대한 만족도는 대체로 내부기관 장애(신장장애, 심장장애, 호흡기장애)보다 신체장애(지체장애, 뇌병변장애, 시각장애, 청각장애, 언어장애)와 자폐장애에서 낮았는데 장비 이용 자체에 어려움이 있

는 경우뿐 아니라 장비 이용 시 필요한 설명 과정 또한 비장애인에 맞춰 진행되어 장애인이 어려움을 겪었을 가능성이 크다.

[표 4] 주로 이용하는 의료기관의 의료시설 및 장비에 대한 만족도

(단위: %, 명)

구분	지체장애	뇌병변장애	시각장애	청각장애	언어장애	지적장애	자폐성장애	정신장애
매우 만족	4.1	8.5	5.8	3.4	6.5	3.7	1.4	5.1
만족	50.3	53.5	50.4	52.5	47.2	42.5	41.0	51.9
보통	39.2	30.1	36.3	36.1	37.9	48.5	47.6	39.1
별로 만족 안함	5.4	5.4	6.9	7.3	8.4	4.0	10.0	2.1
전혀 만족 안함	1.1	2.4	0.6	0.8	0.0	1.3	0.0	1.9
계	100.0	100.0	100.0	100.0	100.0	100.0	100.0	100.0
전국추정수	1,261,555	286,600	262,381	282,255	20,700	197,182	22,972	103,628

구분	신장장애	심장장애	호흡기장애	간장애	안면장애	장루요루장애	뇌전증장애	전체
매우 만족	17.8	16.8	16.8	3.7	0.0	13.0	4.5	5.3
만족	61.5	63.8	55.2	71.7	27.1	66.4	60.8	50.9
보통	16.9	17.8	24.3	16.5	69.5	17.1	32.5	37.2
별로 만족 안함	3.8	1.0	3.7	8.1	3.4	3.4	2.1	5.5
전혀 만족 안함	0.0	0.7	0.0	0.0	0.0	0.0	0.0	1.1
계	100.0	100.0	100.0	100.0	100.0	100.0	100.0	100.0
전국추정수	85,583	6,174	14,033	11,042	3,173	15,542	9,520	2,580,340

* 자료 : 보건복지부, 「2017년 장애인 실태조사」 (2020년 코로나19로 의료 이용의 변화가 컸던 점을 감안해 2017년 조사 결과를 인용)

3) 장애인의 주관적 건강 인식 및 신체와 정신 건강

개인이 스스로 얼마나 건강하다고 느끼는지 즉, 주관적 건강
인식은 객관적 건강 지표와는 별개로 사망과 의료 이용의 중요
한 예측변수로 인정받는다.

2020년 장애인 실태조사 결과 평소 자신의 건강 상태가 '좋
다'고 생각하는 장애인은 14.9%(2017년 16.2%, 2014년 15.9%)로 전

[표 5] 평소 본인 건강 상태   (단위: %, 명)

구분	지체 장애	뇌병변 장애	시각 장애	청각 장애	언어 장애	지적 장애	자폐성 장애	정신 장애
매우 좋음	0.3	0.0	1.6	0.8	4.8	2.9	6.4	0.6
좋음	12.4	7.0	19.5	12.5	18.5	30.3	44.0	12.7
보통	38.1	25.4	39.8	39.0	37.8	42.9	36.8	42.9
나쁨	39.1	47.8	32.2	39.5	28.5	20.3	11.7	36.9
매우 나쁨	10.1	19.8	6.9	8.2	10.3	3.6	1.1	6.9
계	100.0	100.0	100.0	100.0	100.0	100.0	100.0	100.0
전국추정수	1,215,914	250,961	252,702	384,668	21,954	214,792	29,466	103,031

구분	신장 장애	심장 장애	호흡기 장애	간 장애	안면 장애	장루 요루 장애	뇌전증 장애	전체
매우 좋음	0.3	-	0.3	1.0	6.3	-	0.6	0.8
좋음	4.6	8.9	3.8	15.8	33.3	5.1	8.2	14.1
보통	29.5	34.4	16.9	46.0	30.3	39.7	46.5	37.4
나쁨	44.6	43.8	50.2	32.5	22.8	44.2	37.0	37.5
매우 나쁨	21.0	12.9	28.8	4.7	7.3	11.0	7.7	10.1
계	100.0	100.0	100.0	100.0	100.0	100.0	100.0	100.0
전국추정수	94,249	5,253	11,427	13,419	2,676	15,376	7,062	2,622,950

* 자료 : 보건복지부, 「2020년 장애인 실태조사」, 2021

[표 6] 장애인의 우울감 경험 및 자살 생각 (단위: %)

	2017년[1]	2020년			전체 인구[2]
		전체 장애인	만 19~64세	만 65세 이상	
우울감 경험	18.6	18.2	17.9	18.5	10.5
자살 생각	14.3	11.1	10.8	11.5	-

주1. 만 19세 이상 기준
주2. 전체 인구 :「2019 국민건강통계」(보건복지부, 질병관리청)
* 자료 : 보건복지부, 「2020년 장애인실태조사 결과 발표」, 보도자료, 2021.4.20

체 인구(32.4%)의 절반 이하로 낮다. 그러나 장애 유형에 따라 차이가 상당히 커 내부장애(신장장애, 심장장애, 호흡기장애, 간장애)가 있는 경우는 매우 낮고 발달장애와 안면장애는 전체 인구보다 좋은 건강 상태를 보고했다.

70~80%의 장애인이 만성질환이 있으며 우울감 경험률은 18.2%였다. 자살 생각률은 11.1%로 2017년(18.6%와 14.3%)에 비해 낮아졌으나 전체 인구(10.5%)에 비해서는 여전히 높은 수준이고, 만 19세 이상 장애인의 스트레스 인지율은 33.7%로 전체 인구(28.6%)에 비해 5.1% 높은 수준이었다.

장애인의 정기적 보건의료 서비스 이용은 낮아지고 미충족 의료 서비스 경험 비율은 높아졌다. 최근 1년간 병의원에 가고 싶을 때 가지 못한 주된 이유는 '의료기관까지 이동 불편', '경제적 이유', '증상이 가벼워서' 등으로 응답하였는데, 코로나19 등으로 인해 장애인의 외출 빈도가 크게 감소하면서 병의원 이

[그림 3] 장애인의 미충족 의료율 및 주된 이유   (단위: %)

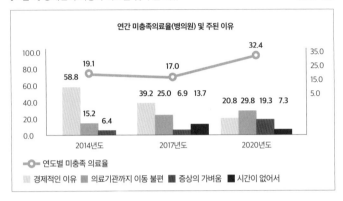

* 자료 : 보건복지부, 「2020년 장애인 실태조사 결과 발표」, 보도자료, 2021.4.20
** 같은 시기(2020년) 의료 서비스 경험 조사에서 전체 인구집단의 의료 서비스 이용 경험은 59.1%로 2019년의 68.9%에서 9.8% 감소

용에도 영향을 미친 것으로 보인다.

재난 및 사고로부터 안전하다고 느끼는 정도에 대해서 '안전'하다고 응답한 장애인이 42.6%, '보통'이라고 응답한 장애인이 40.7%로 대부분을 차지했다. 그러나 '위험'하다고 응답한 장애인도 9.8%, '매우 위험'하다고 응답한 장애인도 2.0%로 두 응답을 합하면 장애인 10명 중 1명 이상이 재난이나 사고 위험을 높게 느끼고 있었다. 장애 유형별로는 위험하다(매우 위험+위험)고 느끼는 장애인 비율이 가장 높은 장애 유형은 뇌병변장애(16.0%)였고, 이어서 자폐장애(15.3%), 지적장애(13.5%), 뇌전증장애(13.4%), 시각장애(13.1%) 순이었다.

2장

국내외
장애인 보건의료
제도화 현황

1. 국외 장애인 보건의료 제도화 현황

:

1) 영국

(1) 영국의 장애 정책(UK 정부, 2021; 주영국대사관, 2009)

영국인 다섯 명 중 한 명(1,400만 명 이상)이 한 가지 이상의 장애를 가지는 것으로 추정되고 인구 고령화 및 의료기술의 발전으로 그 비율은 증가하고 있다.

1948년「공공부조법」을 통해 거처가 필요한 장애인들에게 주거를 제공할 책임을 지방정부에 부여했다. 1990년에는「지역사회돌봄법(Community Care Act)」이 제정되어 장애인이 가능한 자신의 집에서 살 수 있도록 장애인 지역사회 주거 서비스, 주간 서비스, 임시 서비스 개발을 증진하고자 노력하였다. 1995년「장애인차별금지법(Disability Discrimination Act, DDA)」시행 이

후 장애 인식이 개선되고 장애인과 비장애인 간 취업률 격차는
줄었다.

영국 정부는 모든 사람은 동등한 가치를 지니고 동등한 권
리를 가진다는 원칙하에 장애인과 비장애인 간 격차를 줄이
는 것을 목표로 주거, 교통, 취업 및 교육 등에 걸친 '국가장애
전략(National Disability Strategy)'을 수립한다. 이 전략에 따른 '적
정주택 프로그램(Affordable Home Program)'을 통해 2026년까지
18,000가구에 주거지를 제공할 계획이다. 보건복지부는 장애인
특별 주택도 제공한다.

장애인을 대상으로 하는 사회 서비스는 각 지역별 구의회
(Local Council)가 관장하는데 주된 서비스로 주거 서비스, 주간
보호, 생활 적응, 식사 배달 등 재택 서비스와 재활과 사회 적응
등 각종 사회사업 서비스가 포함된다. 장애인을 위한 대부분
서비스는 지역사회 내에서 자조 그룹 및 자원봉사 단체에 의하
여 이루어지고 공공기관은 특별 서비스 제공 시 필요한 기술적
인 지원을 담당한다.

장애인 사회보장급여로 세금공제, 비기여 급여(Non-
contributory Benefit)[3] 방식의 장애인 생활보장 수당(Disability
Living Allowance)과, 65세 이상 장애인에게 지급되는 간호수당

___
3. 장애급여, 아동급여, 산재급여, 전쟁 유가족 급여 등이 있으며, 일반 조세로부터 재원을 조달

및 과세 대상 급여[4] 방식으로 주당 최소 35시간의 장애인 간호 업무를 제공하는 사람에게 지급하는 간병인 수당(비장애인 가족, 상이한 장애를 가진 장애인 간 상호 도움 형태도 가능)이 있다.

또한 노동 중심 정책을 펴는 영국 정부는 고용지원수당(Employment and Support Allowance)과 근로지원정책(Pathways to Work Programme)을 새롭게 도입해 실업급여 수혜자를 백만 명으로 줄여가고 있다.

끝으로 지역별 구의회와 연계하여 장애인이 독립적으로 생활할 수 있도록 개인 간호인력이나 집안일 도우미들을 고용하는 데 비정부 기금으로 지원한다.

교통 부문에서 자동차세 공제 혜택 및 「장애인차별금지법」에 대중교통 관련 조항(Part 3)을 특별히 명기하여 모든 대중교통에 대한 장애인의 이용권을 보장하기 위해 필요한 시설 및 서비스를 지원한다.

주택 지원과 관련하여 장애인은 지역별 구의회를 통해 장애인을 위한 주택(Sheltered Housing[5] 혹은 Council Homes[6])에 대한 정보를 받을 수 있고, 자기 주택을 구매할 수 없는 장애인들은

---

4. 간호수당을 소득으로 간주, 일정의 소득세를 납부해야 함
5. 노인과 장애인을 위해 특별히 지어진 주택. 보통 주방이 딸린 공동주택 혹은 방갈로(bungalows) 형태
6. 지역별 구의회가 저소득층을 위해 임대한 주택을 지칭

장애인 보호시설(Care Home)을 이용할 수 있다.

(2) 영국의 장애인 보건의료 정책

영국 장애인 보건의료 정책은 크게 평등한 보건의료 서비스와 장소 기반 건강정책이라는 두 가지 특징으로 설명할 수 있다(유동철, 2018).

평등한 보건의료 서비스 관점에서 1948년에 수립된 전 국민 무상의료 서비스인 국민보건서비스(NHS)의 전통 아래 1995년의 「장애인차별금지법」과 2010년 여러 차별 관련법을 통합한 「평등법(Equality Act)」에 따라 장애인도 비장애인과 동일한 서비스 전달체계를 통해 보건의료 서비스를 받도록 제도화하고 있다.

즉 장애인은 비장애인과 동일한 보건의료 전달체계 내에 통합되어 보건의료 서비스를 받는다. 다만 장애인 보장구나 재활 치료를 중심으로 하는 장애서비스센터는 NHS 산하 일부 병원에 부속기관으로 설치되어 운영된다. 의료기관이 평등한 보건의료 서비스를 제공하도록 NHS 산하 의료기관들은 평등 의무, 평등 계획, 평등 교육 등을 실시해야 한다.

장소 기반 건강정책 차원에서는 거주지 중심 진료, 지역사회 자원 연계, 전문가 프로그램 등이 강조된다. 영국 정부는 2012

년 「의료와 사회적 돌봄법(Health and Social Care Act)」을 제정하여 기존의 중앙 집중적 건강 서비스 업무를 지방으로 대폭 이양하는 동시에 의료기관 중심의 건강정책에서 장소 중심의 건강정책으로 전환했다.

이에 따라 중앙정부에서 직접 관장해 오던 151곳의 일차의료 트러스트(Primary Care Trust, PCT)들을 대신해 2013년 4월부터 의료위탁계약기관(Clinical Commissioning Group, CCG)들을 설치했다. 의료위탁계약기관은 지방정부와 계약을 맺어 지역을 기반으로 건강 서비스를 제공하는 역할을 한다. 중앙정부 대신 지방정부가 의료위탁계약기관을 선정하고 관리할 뿐 아니라, 건강 서비스의 유형이나 제공 방식, 대상자 등을 결정할 때에도 지방정부가 많은 자율성을 가진다.

장소 기반 건강정책이란 기존의 시설 중심의 의료서비스는 더 이상 지속되기 어렵다는 문제의식하에 일상생활을 영위하는 거주지를 기반으로 다양한 지역 자원을 체계적으로 활용하여 지속 가능한 의료 서비스를 제공하고자 하는 것이다(New Local Government Network: NLGN, 2016).

신지방정부네트워크(NLGN)는 장소 기반 건강 비전으로 세 가지를 제시한다. 첫째, 서비스의 관점을 의료기관에서 사람과 장소로 전환하는 것이다. 즉 건강 서비스 시스템을 치료가 아닌 예방 위주로 전환, 장애인의 자기 관리 역량개발 및 지역사회 자원을 효과적으로 활용하는 데에 주안점을 둔다.

둘째, 부서나 조직 간의 분리된 칸막이 안에서만 서비스를 제공하는 체계에서 시스템 중심의 성과체계로 정책 방향을 설정한다. 즉 '건강'과 '돌봄'이 서로 분리된 수직적인 전달체계에서 벗어나 수평적인 거주지 기반 시스템으로 이동하는 서비스 간 통합과 융합을 도모한다.

셋째, 중앙에서 지방으로 정책 권한을 이양해 지역사회 내 통합시스템을 통해 지역사회에 접근하고, 지역 현장 실무자들의 활동을 가로막는 장애물을 제거하는 데 중점을 둔다.

장애인도 비장애인과 마찬가지로 일반 개업의(GP) 진료소에서 건강 교육, 건강 상담, 금연 상담, 비만 상담, 예방 접종 등의 서비스를 받는다. 일반의 진료 예약은 전화나 온라인으로 할 수 있다. 거동이 불편한 장애인의 경우 온라인 서비스를 이용하면 처방전 반복 발급, 검진 결과 열람 등이 가능하며, 의사소통이 어려운 경우에는 의사소통(통역) 서비스를 제공 받고, 거동이 불편한 경우 111 서비스를 이용하면 응급 상황이 아니어도 응급차 서비스가 제공된다.

장애인에게 외과 전문의, 산부인과 전문의 등 전문 진료나 특수 장비를 갖춘 의료가 필요하다고 인정되면 전문의나 의료기기가 있는 병원으로 의뢰된다. 거동이 불편한 장애인이 본인의 거주지 병원에서 진료받기를 원하나 해당 전문의가 없는 경우 다른 지역의 전문의를 초빙해서 진료를 받을 수도 있다.

장애인의 퇴원이 가까워지면 퇴원 사정이 이뤄지고 이를 통해 퇴원 후 필요한 처치나 지원, 서비스 담당자, 서비스의 양, 보장구, 지방정부의 사회 서비스, 모니터링 계획, 비용 등을 결정하는 복합 퇴원(Complex Discharge) 계획을 수립하는데, 여기에는 의료사회복지사, 물리치료사, 언어치료사, 정신보건 전문요원 등 다양한 전문가들이 함께 참여한다.

2) 스웨덴

(1) 스웨덴 장애 정책(Sweden, 2009)

① 장애 정책의 역사

지난 50년 동안 스웨덴 장애 정책은 복지 정책의 발전과 궤를 같이하기 때문에 자연스럽게 분배 정책으로 연결되었다. 사회보험과 보건의료 서비스는 공적으로 제공되며, 장애 정책은 시민권과 연계되어 사회보장 제도 관점에서 추진된다. 장애 정책의 또 다른 중요한 관점은 소득이 아닌 필요에 따라 지원이 제공된다는 점이다.

역사적으로 스웨덴은 1950년대에 이미 장애인 보조기구가 개발되고, 일반 고용 시장에서 장애인 일자리를 제공하기 위한 활동이 진행되었다.

1960년대에 접어들면서 장애인 시설의 존재에 의문이 제기되기 시작하고 정상화(Normalisation)와 통합(Integration)이 주요 목표가 되었다. 그 당시 주로 지적장애나 정신장애가 있는 경우 시설에서 생활하는 경우가 많았다.

1960년대 지적장애인이 생활하는 폐쇄시설에 약 14,000개의 자리가 있었고, 정신장애인이 거주하는 폐쇄 시설에는 약 36,000개의 자리가 있었다. 현재는 지적장애인은 시설에 거주하지 않고 정신장애인을 위한 폐쇄 시설에는 약 5,000개의 자리만 남아 있다. 전통적으로 장애를 의학적 관점에서 바라보는데에서 한발 더 나아가 1970년대에 이르러서는 장애가 사회환경적 구조로 인해 발생한다는 개념이 획기적으로 발전했다.

1980년대 중반 이후 스웨덴은 확장주의적 보편주의 사회정책에서 벗어나 자격 기준과 급여 수준을 강화하기 시작했다. 지난 수십 년 동안 질병 및 장애 연금과 실업 보험의 보상 수준은 감소했다. 스웨덴은 여전히 장애 정책에 있어 사회적 모델에 기반하고 있으나 장기 질병자와 실업자 대상 사회부조 및 직장 복귀 정책을 강조하는 사회기류와 맞물려 있다.

② 장애 정책에서 장애인 단체의 역할

현재 스웨덴 장애 정책 수립에 있어 장애인 단체의 참여는 민주적 절차의 중요한 부분으로 간주한다. 장애인 단체는 스웨덴에서 강력한 위치를 차지한다. 대부분 단체는 스웨덴장애인연맹(HSO)의 회원으로, 활동을 위해 연방 정부로부터 보조금을 지원받는다.

정부의 지원 목적은 장애인의 사회 참여와 평등을 위해 단체들이 활동할 수 있도록 하는 데에 있다. 이런 단체는 중앙 및 지역에서 광범위한 로비 활동을 수행한다. 그리고 장애를 가진 채 살아가는 것이 무엇을 의미하는지에 대해 광범위한 정보를 제공한다. 장애인과 그 가족을 위한 서비스, 정보 및 법률 자문도 제공한다. 경우에 따라 장애인 단체는 지자체나 정부의 요청에 따른 사업을 운영하기도 하는데, 한 가지 예로 레크리에이션 시설을 들 수 있다.

(2) 스웨덴의 장애인 보건의료 정책(Sweden, 2009)

① 장애인 보건의료 정책 거버넌스

스웨덴 장애 정책은 모든 사람은 동등한 가치를 지니고 동등한 권리를 가진다는 원칙에 따라 장애인과 비장애인 간의 격차를 줄이는 것을 목표로 한다.

중앙정부는 입법, 정책 수립 및 분배(보조금 지급), 장애연금, 공공 서비스 보조금 지급 등 사회보험을 담당하고, 지방정부(지자체, 총 290개)는 사회적 지원, 재활 조치 및 간호 · 돌봄 등 사회 서비스를 담당한다.

지방의회(카운티 의회, 총 21개)는 병원과 1차 의료기관(GP) 등 보건의료를 담당한다. 지방자치단체의 사회 서비스와 카운티 의회의 보건의료 서비스는 그 틀과 목표를 명시하고 있는 중앙정부의 기본 법률 아래 있지만, 지방자치단체와 카운티 의회의 자체 지침에 따라 법을 해석하고 활동을 구체화할 수 있는 충분한 여지를 가진다.

스웨덴 국가보건복지위원회는 보건의료와 사회 서비스에 대한 계획, 자문 및 지침 작성 등 표준을 설정하고 보건의료에 대한 국가 단위 감독 기능을 수행한다.

그 외 여러 정부 기관에서 장애인과 관련된 문제를 담당한다. 예컨대 교육부는 장애인의 교육권에 관한 문제를, 노동부는 장애 및 노동 시장과 관련된 문제를 담당한다. 장애인정책조정청(HANDISAM)은 각 부처의 고유 기능과 관계없이 모든 사람이 동등한 조건으로 참여할 수 있는 사회를 조성하는 데 중심적인 역할을 담당한다.

정부실행계획(National Action Plan)의 목표는 장애 문제가 전통적으로 그랬던 것처럼 보건과 의료에만 국한되어서는 안 되며 사회의 모든 영역에서 고려되어야 한다는 점을 강조하고 있다.

장애인이 사회에 참여할 수 있는 기회를 보장하기 위해 「사회서비스법(SoL)」,「보건의료서비스법(HSL)」,「교육법(SkolL)」등 여러 법률에 이를 규정한다. 그리고 이를 보완하기 위해「장애 인 지원 및 서비스에 관한 법(Lagen om stöd och service till vissa funktionshindrade: Act Concerning Support and Service for Persons with Certain Functional Impairments, LSS)」이 제정되었다. 이 법은 다른 법률에서 제공하는 기본적인 지원이 충분하지 않은 경우 에 중증 장애인이 추가적인 기본 서비스를 받을 권리를 부여 한다.

② 지역사회 중심, 다학제적 접근을 중심으로 하는 보건의료 모델 구축

스웨덴 장애인 보건의료 정책에서 다른 전문성을 가진 여러 전문가가 장애인의 필요에 초점을 맞춰 협력해 종합적으로 지 원하는 것은 매우 중요한 부분으로 다뤄진다. 예컨대 다학제적 전문가 간 협업을 위해 작업치료사, 복지담당자, 언어치료사, 의사, 심리학자, 물리치료사, 간호사, 행동치료사 등 다양한 전 문가가 이 작업에 참여할 수 있다.

또한 장애인 당사자와 긴밀히 협력하여 수행하고, 후속 조치 와 평가는 정기적으로 진행하여야 하며 이는 향후 계획의 기초 가 된다.

장애인의 재활 및 기술 관련 보조기기 사용은 장애인과 함께 계획하고 사용 결정이 내려지면 이에 대한 정보를 저장해 다양

한 재활 및 지원 활동을 조정하는 데에 활용한다. 가정생활과 재활에 중요한 역할을 하는 보조기기가 유용하게 사용되도록 장애인의 전 생애에 대한 종합적인 평가가 이루어진다. 보조기기의 필요성이 다른 재활 서비스와 관련되어 있는지도 중요하게 고려한다.

장애인은 「사회서비스법(SoL)」과 「보건의료서비스법(HSL)」에 따라 재가 서비스, 특수 주택 제공 등 도움을 받을 수 있고 「장애인 지원 및 서비스에 관한 법(LSS)」에 따라 추가 지원을 받을 수 있다. 지방자치단체는 장애인 지원 서비스 전체 예산 중 「사회서비스법(SoL)」과 「보건의료서비스법(HSL)」에 따른 재가 서비스 및 특수 주택 제공 등에 약 20%를, 「장애인 지원 및 서비스에 관한 법률(LSS)」에 따른 일상생활 지원에 약 80%를 지출한다〔표 7〕.

또한 재난적 의료비 지원 제도(개인이 연간 일정 금액 이상을 지불할 필요가 없도록 하는 제도)가 있어 과도한 의료비 부담으로부터 보호받을 수 있는데, 재활 서비스도 이에 포함된다. 그러나 보조기기 지원은 이 제도에 포함되어 있지 않아 개인이 속한 카운티 의회에 따라 본인 부담금이 다르다.

장애인 서비스는 가장 빠르게 성장하고 있으며 점점 더 많은 예산이 소요되는 지자체 사업이다. 최근 장애인 서비스가 지자체 예산에서 차지하는 비중이 2000년 8.9%에서 2006년 11.0%

[표 7] 스웨덴 지자체 장애인 지원 서비스 예산 분포(2006년 기준)

Area of operation	SEK billion	Share of total costs (%)
Measures under the SoL and HSL	7.1 (0.77 Euro)	20
Ordinary housing	3.9 (0.42 Euro)	11
of which home help	2.6 (0.28 Euro)	7.2
Special accommodation	2.7 (0.29 Euro)	7.5
Open activities	0.5 (0.05 Euro)	1.4
Measures under the LSS and LASS	29.0 (3.1 Euro)	80
Housing with special service	15.1 (1.6 Euro)	42
Daily activities	4.6 (0.50 Euro)	13
Personal assistance	5.6 (0.61 Euro)	16
Other activities under the LSS	3.7 (0.40 Euro)	10
Total	36.1 (3.9 Euro)	100
Municipal and national transport services	0.35 (0.038 Euro)	100

* Gross costs minus the following iterms: internal revenue., sales revenue from other municipalities and county councils and compensation from the Social Insurance Administration for LASS.
* Source: Statistics Sweden Municipal use of resources 2006.

로 증가하였다. 국가 전체로 봐도 장애인 서비스는 GDP의 1.6%를 차지한다.

③ 「장애인 지원 및 서비스에 관한 법」에 따른 장애인 보건의료 서비스 항목

「장애인 지원 및 서비스에 관한 법(LSS)」은 다른 법률을 보완하는 법률로, 자격이 있는 개인이 해당 서비스를 요청하면 법률에 따라 서비스 가능 여부를 먼저 고려하며, 적격하지 않으면 다른 법률에 따른 서비스 지원 가능 여부를 검토한다. 동 법

률의 대상자는 지적장애, 자폐증 또는 자폐증과 유사한 질환이
있는 사람, 외부의 힘이나 신체적 질병으로 인해 성인기에 뇌
손상을 입은 후 중대하고 영구적인 지적장애가 있는 사람 및
일상생활에 상당한 어려움을 초래하는 기타 중대하고 영구적
인 신체적 또는 정신적 장애가 있는 사람으로 아래와 같은 10
가지 서비스를 지원받을 수 있다.

[표 8] 장애인에게 추가 지원되는 스웨덴의 보건의료 서비스

서비스 항목	설명
상담 지원	장애인 상담 자격을 갖춘 사회복지사, 심리학자, 물리치료사, 유치원 컨설턴트, 작업치료사 또는 영양사가 상담을 제공
개인 지원	주요 기능장애가 있고 일상생활에서 광범위한 지원과 도움이 필요한 사람에게 한 명 이상의 활동지원인을 배정한다. 주당 20시간을 기본으로 하되 필요시 연장 가능하고 지자체가 재정을 부담한다.
동반자 서비스	개인 지원을 받을 자격이 없는 사람은 대신 동반자 서비스를 받을 수 있다. 동반자 서비스는 개인이 커뮤니티 생활에 더 쉽게 참여할 수 있도록 개인의 필요에 맞게 조정된 개인 서비스로, 개인이 커뮤니티 생활에 더 쉽게 참여할 수 있도록 지원한다.
개인적 교류 지원	사회적 고립을 줄이고, 여가활동에 참여하도록 돕고, 일상적인 상황에서 조언을 제공함으로써 개인이 독립적인 삶을 영위할 수 있도록 도와주는 동반자 서비스로 가족이 제공할 수 있다.
가정 내 구호 서비스	예기치 않은 상황뿐만 아니라 정기적으로 제공되는 서비스로 24시간 내내 이용 가능

단기 외출 서비스	개인에게 레크리에이션과 기분 전환을 제공하는 동시에 보호자에게 휴식을 제공하기 위한 서비스로, 체류는 요양원, 다른 가족 또는 청소년 캠프나 휴가 캠프와 같은 여러 다른 방식으로 이루어질 수 있다.
만 12세 이상의 학생을 위한 단기 지도 서비스	일반 보육서비스가 더 이상 가능하지 않은 만 12세 이상의 학생을 방과 전후 및 방학 중에 지도
가정집 또는 특별 가정 서비스	부모와 함께 살 수 없는 아동 및 청소년에게 다른 가족이나 특별 서비스를 제공하는 가정에서 머무는 서비스로 부모와 일부 시간 동안 함께 살 수 있는 자녀와 부모와 전혀 함께 살 수 없는 자녀 모두를 위해 부모의 집을 보완하기 위한 서비스
성인을 위한 특별 서비스 또는 기타 특별 적응형 주거 마련	주거 형태는 다양할 수 있지만 가장 일반적인 유형은 단체 숙소와 서비스 주택으로, 경우에 따라 지자체에서 추천하는 특별 적응 주택을 받을 자격이 주어지기도 한다.
일상활동 지원	근로 연령의 사람 중 직장이 없고 교육 과정에 참여하지 않는 사람은 동법에 따라 그룹 1 및 2에 속하는 경우 일상활동 지원을 받을 자격이 주어진다.

* 자료 : National board of health and welfare, *Swedish disability policy*, 2009

위의 서비스는 몇 가지 예외를 제외하고는 원칙적으로 개인에게 무료로 제공된다. 성인을 위한 특별 서비스를 제공하는 주거 시설에 거주하는 사람에게는 숙박, 레크리에이션 및 문화활동에 대한 합리적인 요금이 부과될 수 있다. 가정집이나 특별 서비스가 제공되는 주택에 거주하는 아동의 부모는 자녀의 의복, 여가활동 등에 대해 합리적인 범위 내에서 비용을 부담해야 한다.

돌봄은 구호 서비스, 단기보호, 단기외출, 가족 주택 또는 특별 서비스를 제공하는 주택에서의 생활 서비스에 포함되어 있다. 레크리에이션 및 문화 활동 또한 아동, 청소년 및 성인을 위한 특별 서비스를 제공하는 주택 조치에 포함되어 진행된다.

④ 요양원, 특수 병원 및 장애인 수용시설이 없는 스웨덴에서의 장애인 주거 정책 방향

스웨덴에서는 1980년대부터 요양원과 특수 병원을 폐쇄하기 시작했다. 폐쇄되기 전 전성기에는 약 14,000명의 어린이, 청소년, 성인이 스웨덴의 여러 요양원에서 생활했으나 현재는 모두 지역사회에 통합된 가정에서 생활한다. 「장애인 지원 및 서비스에 관한 법(LSS)」에 따라 약 36,000명(2009년 보고서 기준)의 지적장애인이 동법의 지원을 받는다. 이 중 17,000명 이상이 어린이와 청소년이며, 약 32,000명이 65세 미만의 성인이다.

수용시설 대신 「장애인 지원 및 서비스에 관한 법(LSS)」과 「사회서비스법(SoL)」에 따라 특별 서비스를 제공하는 주거 시설이 마련되어 있다. 중증 장애를 가진 대부분 아동 및 청소년은 부모 및 형제자매와 함께 성장한다.

광범위한 치료가 필요하거나 다른 지역에서 학교에 다니기 때문에 부모의 집에서 살 수 없는 아동과 청소년은 '가족 가정 또는 아동 및 청소년을 위한 특별 서비스가 있는 가정에서 생

활'이라는 조치에 따라 도움을 받을 수 있다(LSS 제9조 8항).

이 조치는 가족의 필요에 맞게 유연하게 적용된다. 특별 서비스를 제공하는 주거 시설은 계약을 기반으로 가능한 한 일반 가정과 같은 기능을 수행하도록 지원한다. 소수의 아동 또는 청소년이 아파트나 주택에서 함께 생활하며 24시간 직원의 지원을 받는다. 지원과 도움이 필요한 성인 장애인은 대부분 성인과 마찬가지로 자신의 집에서 생활하거나 그 외 다양한 주거 방식을 선택할 수 있다. 일상생활에서 도움과 지원이 필요한 개인은 사회서비스법에 규정된 서비스인 재가 서비스를 통해 도움을 받을 수 있다.

특별 서비스를 제공하는 주거는 일반 주거 지역(아파트 블록 또는 주택)에 위치한다. 해당 아파트는 당사자의 개인 주택으로 서비스와 지원을 제공하는 직원은 당사자의 사생활을 보호하는 범위 내에서 활동한다. 주거공간은 침실, 주방(또는 주방 역할을 하는 공간), 화장실과 샤워·욕실 등 일반 아파트에서 볼 수 있는 모든 시설을 갖추고 있다. 2006년 기준 약 21,000명(대부분 지적장애 가진 사람들)이 특별 서비스를 제공하는 주거 시설에서 생활했다.

그룹 숙소는 최대 5~6개의 개별 아파트를 연결하여 일반 주거 지역에 구성한다. 개별 아파트 옆에는 공동 활동을 위한 시설과 근무 직원이 있다. 직원은 일반적으로 24시간 상주하고 개인 및 그룹 지원이 제공된다. 단체 숙소는 가장 일반적인 대안이다.

서비스 주택은 도움과 지원의 필요 여부에 관계없이 보다 독립적인 삶을 영위하고자 하는 사람들이 이용할 수 있다. 서비스 주택은 아파트 블록과 같이 넓은 지역에 분산된 개별 아파트로 구성되며, 공동 시설을 이용할 수 있는 경우도 있다. 직원이 24시간 대기하고 있고 개인 및 집단 지원이 모두 제공된다.

특수 개조된 개인 주택에는 직원이 없지만 홈 헬프 서비스, 동반자 서비스 또는 개인 지원을 통해 도움을 받을 수 있다.

⑤ 지역사회에서의 일상활동 및 주거 지원

지적장애 아동은 다른 아동과 마찬가지로 일반 보육 서비스를 통해 보육 지원을 받는다. 취학 연령에 도달한 학습장애 아이들은 특수 학급에 다닐 수 있는데 이 학급은 일반 학교에 통합되어 있다. 부모가 쉬는 시간을 가질 수 있도록 자녀를 위한 단기 보호소도 있다.

전문가의 도움이 필요한 어린이와 성인을 위해 지적장애, 자폐증 등에 대한 전문 지식을 갖춘 재활 자원이 있다. 약 19,000명의 성인 정신장애인이 자신의 집, 그룹 홈 또는 개인 지원 등의 도움을 받아 독립적으로 생활하고 있다. 그룹 홈은 아파트, 연립주택 및 독립 주택 블록에 자리 잡고 있다. 같은 아파트 블록에 여러 채의 아파트가 있는 경우, 한 채는 직원을 위한 공간으로, 다른 한 채는 입주자들의 만남의 장소로 따로 마련된다.

일상활동 지원은 지적 장애인이 거주하는 마을 또는 마을의 일부에서 제공된다. 이전에는 이러한 활동이 주로 특수 주간 센터에서 이루어졌지만, 오늘날에는 점점 더 일반 직장에 통합되는 추세이다. 즉 개인 또는 소규모 그룹이 직장에서 개인적인 지원을 받아 서비스 또는 생산에 참여하는 경우가 많아져 이러한 유형의 활동에 참여하는 성인 지적장애인은 약 22,000명에 달한다. 지적장애인도 급여를 받는 직업을 가질 수 있지만 아직까지는 드물다.

ⓔ 정신장애인 돌봄 및 지원

1967년 정신병원에 대한 책임이 주에서 카운티로 이관되었다. 당시 정신장애인을 치료할 수 있는 자리가 약 35,000개 있었고, 그중 70%가 정신병원에 있었다. 정신병원의 폐쇄는 1960년대 후반부터 1990년대 중반까지 계속되었고 현재(2007년) 스웨덴에는 정신병원이 남아 있지 않지만 종합병원의 정신과 병동은 총 4,800명(인구 1,000명당 0.5명)을 수용할 수 있는 규모를 갖추고 있다.

병원에서 정신과 환자, 특히 장기 정신질환자가 이용할 수 있는 병상은 감소했지만 사회 서비스에서 제공하는 주거 서비스가 증가해 사회적 필요를 충족할 수 있었다. [그림4]처럼 1994

[그림 4] 스웨덴 정신과 및 사회 서비스 주야간 시설 개소 수 변화 추이

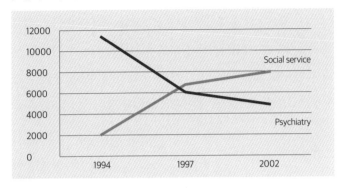

* 자료 : National board of health and welfare, *Swedish disability policy*, 2009

년에서 2002년 사이에 이전과 거의 같은 수의 사람들이 시설에 수용되어 있지만, 정신과 입원 기관보다는 가정에 더 가까운 사회 서비스 기관은 늘고 정신과 입원 기관은 줄어들었다.

미국의 지역사회 정신건강 프로그램의 영향을 받아 스웨덴 전역에 외래 환자 서비스가 설립되면서 1970년대 초 스웨덴은 성인 정신과 치료기관을 재건했다. 이른바 정신과 조직의 '부문화(Sectorisation)'로 불리는 이 프로그램은 1985년에 이루어졌다. 당시 스웨덴은 약 135개 진료권에 각각 약 600개의 외래 클리닉이 있었는데 현재(2006년) 약 100개로 줄었다.

1990년 초 장기 정신질환자의 열악한 실태가 알려지면서 변화의 요구가 거세졌고 1995년, '지역사회 정신건강 관리 개혁'

이라고 불린 정신장애인 경제적 지원 강화 및 법 개정이 이루어졌다. 정신병원과 요양원에서 오랫동안 치료를 받아온 사람들(약 3,000명)을 지역사회로 돌려보내고 사회 서비스 기관을 통해 지역사회 정신장애인의 주거, 일상활동 및 재활을 지원하는 방향으로 제도가 자리를 잡아가는 중이다.

3) 일본

일본의 장애인 보건의료 제도는 노인 장기요양 제도와 서비스 대상, 내용에서 겹치는 부분이 많아 상대적으로 먼저 시작한 장기요양 제도의 전개 과정을 간략히 살펴본 후 장애인 보건의료 제도를 검토하고자 한다.

(1) 일본 개호보험 제도(Yamada M, Arai H, 2020)

① 개호보험 제도 개요

일본에서 개호보험으로 부르는 노인장기요양보험(Long-Term Care Insurance. LTCI) 제도는 자립을 지원하는 이용자 중심의 사회보험이라는 개념을 바탕으로 고령자의 수요에 대응하기 위해 2000년에 도입되었다.

1950년 일본의 65세 이상 고령자 비율은 5% 미만이었으나 2

차 세계대전 이후 베이비붐을 거치면서 전례 없는 인구 고령화를 경험했다. 우리나라와 마찬가지로 인구 고령화와 더불어 저출생과 핵가족화로 이미 20세기 후반부터 가족들이 돌볼 능력이 없거나 돌볼 의사가 없어 노인이 병원에 입원해 지내는 이른바 '사회적 입원'이 증가하고, 이로 인한 의료비 지출 증가는 심각한 사회 문제로 대두되었다.

이에 일본 정부는 1989년 고령자의 건강과 복지를 위한 10개년 전략('골드 플랜')을 시행했지만, 세수에 대한 의존도와 지출 증가로 재정 문제에 직면하면서 2000년 개호보험 제도를 도입하게 된다.

[그림 5] 일본의 인구 변화 추세

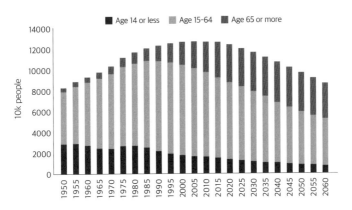

* 자료 : Yamada, M., Arai H., "Long-term care system in Japan" *Annals of Geriatric Medicine and Research,* 24(3):174-180, 2020, 일본 총무성(Ministry of Internal Affairs and Communication) 자료를 이 논문에서 각색해 실음

개호보험은 자립 지원, 사회보험, 이용자 중심의 시스템이라는 세 가지 기본 개념에 기반한다. 즉 가족의 간병 부담을 사회 연대로 전환하고, 보험료로 비용을 분담하며, 장기요양과 복지 서비스를 통합하는 것을 그 목표로 한다.

② 개호보험 대상 및 서비스 내용

개호보험 대상은 65세 이상 및 특정 질병을 가진 중장년층(40 ~64세)으로, 65세 이상의 피보험자에게는 카테고리1을, 40~64세 피보험자에게는 카테고리2를 적용한다. 카테고리1에 해당하는 사람이 어떤 이유로든 간병이나 지원이 필요할 때, 카테고리2에 해당하는 사람이 특정 질병에 걸려 간병이나 지원이 필요할 때 개호보험 서비스가 제공된다.

자격 여부는 일상생활 활동을 기반으로 한 74개 항목의 설문지를 사용하여 평가한 다음 초기 일괄사정, 가정방문 보고서 및 의사 소견을 바탕으로 장기요양 승인위원회에서 결정한다. 장기요양 등급은 지원 등급1, 2와 개호 필요 등급1에서 5(장애 정도가 가장 심함)까지 총 7단계로 나뉜다.

지원 또는 개호 필요 등급을 인정받은 피보험자에게는 개호 필요도 및 인정 평가에 따라 개호보험 서비스가 제공된다. 보험 혜택에는 재가 서비스(예 : 가정 방문, 일일 서비스 및 단기보호 서비스, 간병)와 장기요양 복지시설(특수 요양원), 장기요양 보건시설(노인 건강 서비스 시설) 및 장기요양 의료시설(장기 요양원)을 포함한 시설에서의 서비스가 포함된다.

개호 서비스가 필요한 노인은 자신의 케어 필요에 따라 시설, 재가 또는 지역사회 기반 서비스 중 선택하여 이용할 수 있고 케어 매니저가 케어 계획 및 서비스 준비에 적극적으로 관여한다. 장기요양 또는 돌봄 자격이 없는 개인은 예방 서비스를 이용할 수 있다.

③ 개호보험 예산 추이

예산은 보험료(50%)와 세금(50%)으로 구성되는데, 40세 이상의 모든 국민이 보험료를 내고, 세금은 중앙정부(25%), 도도부현(12.5%), 지자체(12.5%)에서 재원을 조달한다. 일본의 개호보험 제도에서 개호보험 서비스 자격을 갖는 고령자는 10%의 본인부담금을 지불하고 나머지 90%는 개호보험 예산으로 충당한다.

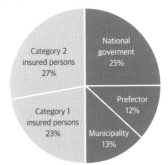

[그림 6] 일본 개호보험 예산 체계

National goverment 25%

Category 2 insured persons 27%

Prefector 12%

Category 1 insured persons 23%

Municipality 13%

* 자료 : Yamada, M., Arai H., "Long-term care system in Japan" *Annals of Geriatric Medicine and Research*, 24(3):174-180, 2020, 일본 총무성(Ministry of Internal Affairs and Communication) 자료를 이 논문에서 각색해 실음

지방정부는 3년마다 개호보험 서비스 계획을 수립하고 이 계획에 따라 보험료와 본인 부담금을 개정한다. 고령화가 진행됨에 따라 개호보험 제도가 도입된 2000년 3조 6천억 엔(약 36조 원)에서 2019년 11조 7천억 엔(약 117조 원)으로 장기요양 비용이 증가했다.

2025년에는 이 금액이 15조 엔(약 150조 원)을 넘어설 것으로 예상한다. 개인이 부담하는 보험료도 2000년 2,911엔(약 2만9천 원)에서 2015년 5,514엔(약 5만5천 원)으로 증가하였고, 중위소득(280~340만 엔)과 고소득(340만 엔 이상) 고령자의 본인 부담률은 각각 20%, 30%로 인상되었다.

[그림 7] 일본 개호보험 총비용 및 보험료 추이

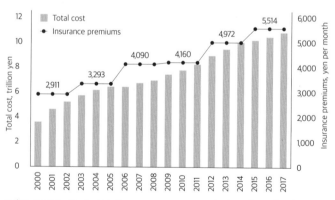

* 자료: Yamada, M., Arai H., "Long-term care system in Japan" *Annals of Geriatric Medicine and Research*, 24(3):174-180, 2020 일본 총무성(Ministry of Internal Affairs and Communication) 자료를 이 논문에서 각색해 실음

향후 일본의 인구 고령화와 개호 및 지원이 필요한 사람의 증가로 장기요양 비용과 보험료가 모두 증가할 것으로 예상되고 그만큼 개호보험 제도를 유지하는 것은 점점 더 어려워지고 있다.

④ 재정을 절감하기 위한 고위험군 중재 전략 도입

개호보험 제도 시행 후, 서비스가 필요한 대상이 급격히 증가하면서 정부의 재정 부담도 함께 증가했다. 이에 일본 정부는 2006년 지역사회에서 적절한 예방 프로그램을 통해 고위험군에 대한 대응을 시도했다. 예컨대, 체크리스트를 이용해 노인의 노쇠 여부를 선별하고, 선별된 노쇠(Frail) 또는 전 노쇠(Prefrail) 노인은 무료 예방 프로그램에 의뢰되었다.

그러나 장애 고위험군을 식별하기에는 체크리스트의 활용도가 충분하지 않았고 지역사회 중재 프로그램에 대한 참여도 상당히 낮았다. 고위험 전략 시행 9년 차인 2014년을 기준으로 지역사회 예방 프로그램에 참여한 노인은 0.8%에 불과했다. 이는 기능장애 선별검사에 참여한 노인이 34.8%에 불과할 정도로 참여율이 낮았기 때문이다. 물리적, 환경적 장벽과 인센티브 및 교통수단 등의 장벽을 극복하는 데 지원이 부족했던 것도 낮은 참여율의 원인 중 하나이다. 의사와 주민의 장애 예방에 대한 인식이 낮은 점도 이 같은 결과에 영향을 미쳤다.

⑤ 지역사회 기반 인구집단 전략

고위험군 중재 전략이 실패한 경험을 바탕으로 일본 정부는 2015년 법을 개정하여 모든 개인에게 예방, 의료, 장기요양, 복지 및 주거 서비스를 원활하게 제공하기 위해 지역사회 인구집단 기반 전략으로 기본 전략을 변경했다. 중앙 및 지방정부는 노인들의 그룹 참여를 촉진하고 사회활동을 장려하기 위해 살롱과 같은 커뮤니티 활동을 장려하였다.

그 결과 커뮤니티 활동은 2013년 43,154개에서 2017년 91,059개로 단체 수가 증가했다. 고위험군 중심에서 다분야 지역사회 협업을 통한 인구집단 전략으로의 전환은 대체로 성공적으로 진행된다고 평가한다.

고령자에게 개별 질환만을 해결하는 단편적인 의료 서비스 제공만으로는 충분하지 않다는 인식에 따라 신체기능, 일상생활 활동, 허약성, 환경적 요인 등을 폭넓게 고려한 '지역사회 기반 통합케어 시스템'을 2025년까지 지역사회에 안착하는 걸 목표로 추진 중이다.

재택의료는 지역사회 기반 통합돌봄을 촉진하는 데 있어 매우 중요하다. 재가방문 서비스, 방문간호 등 다양한 재가 기반 서비스는 재택의료와 함께 지역사회 기반 통합돌봄에서 중요한 역할을 담당한다. 그러나 재택의료는 향후 수요를 고려하여 더욱 발전시켜 나갈 필요가 있다. 일본에서 포괄적인 재택의료

시스템을 구축하는 것은 현재 고령화를 위한 큰 도전이자 필수 불가결한 이정표이다.

지역사회 기반 통합케어 시스템이 성공하려면 지역사회 구성원과 다양한 서비스 제공자 간 협력이 필수적이다. 지역사회 구성원은 자신의 필요와 지역 상황에 맞게 지역사회 복지 서비스를 만들거나 수정할 수 있는 방향으로 나아가야 할 것이다. 그러나 아직까지 대부분 의사는 여전히 노인의 기능 중심이 아닌 질병 중심의 접근 방식을 취한다.

의료 전문가와 간병인 간의 격차도 해결해야 할 중요한 문제이다. 일본 정부는 2020년 4월부터 75세 이상 고령자 건강검진에 15개 문항을 도입해 노쇠를 파악하고 공중보건의, 주치의와 협력해 적절한 장애 예방 프로그램을 제공하고 있다. 장애 예방을 위한 접근 방식은 아직 진행 중이지만, 향후 의사와 일반대중의 노쇠에 대한 인식을 높이고 노쇠 예방을 위한 접근 방식을 바꾸어 갈 것이다.

(2) 일본의 장애인 보건의료 제도(NIPSSR, 2019)

① 장애인 보건의료 제도 개요

국제적으로 일본 정부는 2007년에 국제장애인권리협약(Convention of Rights of People with Disabilities, CRPD)에 서명하고

장애인을 위한 각종 사회적 시책을 개선하고 협약 비준이 이루어질 수 있도록 여건을 마련해 2014년에 협약을 비준했다.

일본 정부는 「공적부조법(Public Assistant Act)」, 「아동복지법」, 「신체장애인복지법」, 「지적장애인복지법」, 「고령자복지서비스법」, 「부양자 및 미망인복지법」 등 6개 복지법에 따라 필요한 사람들에게 서비스를 제공하고 있다.

장애 유형(신체장애, 지적장애, 정신장애)에 따라 다른 복지제도가 적용되어 장애 유형별로 시설 수용 수준과 의료비 본인 부담금이 달라지는 경우가 발생한다.

[표 9] 일본 장애인 수

Table 8.1 The number of people with disabilities in 1,000 (2013)

		Total	At home	Institutionalized
Persons with physical disabilities	Younger than 18 years of age	98	93	5
	Older than 18 years of age	3,564	3,483	81
	Total	3,663	3,576	87
Persons with intellectual disabilities	Younger than 18 years of age	125	117	8
	Older than 18 years of age	410	290	120
	Age unknown	12	12	0
	Total	547	419	128
		Total	Outpatient	Inpatient
Persons with mental disorders	Younger than 18 years of age	179	176	3
	Older than 18 years of age	3,011	2,692	319
	Age unknown	11	10	1
	Total	3,201	2,878	323

* 자료 : 내각부 장애인 백서, 2013년 장애인 수 추정치 www8.cao.go.jp/shougai/whitepaper/h25hakusho/zenbun/h1_01_01_01.html#z1_01(일본어)

2000년대 중반 신체장애인, 지적장애인, 정신장애인 수는 각각 3,663,000명, 547,000명, 3,233,000명에 달하고 있어, 장애 유형별 제도 간 차이를 줄이고 제도를 일원화할 필요성이 제기되었다.

장애 유형별로 분류된 제도 간 조정을 위해 2005년 「장애인서비스지원법(Services and Supports for Persons with Disabilities Act, SSPDA)」이 제정되었다. 이 법에 따라 2006년에 신체장애, 지적장애, 정신장애 등 세 가지 장애 유형에 대한 새로운 서비스 체계가 도입되었다.

그러나 장애인의 비용 분담 도입에 대한 반발이 거세지면서, 민주당 집권 이후 「장애인서비스지원법」 개정 논의가 시작되었고, 2010년 12월 비용 분담 재검토(소득에 따른 이용자 부담 완화)를 포함한 개정안이 국회를 통과했다.

이 과정을 거쳐 2012년 6월에 「장애인서비스지원법」을 보완한 새로운 법(「장애인복지종합법」, Act for Comprehensive Welfare for Persons with Disabilities)이 제정되었다.

② 주요한 장애인 보건의료 서비스

「장애인복지종합법」은 2012년 6월에 공표되어 18세 미만의 장애 아동을 포함하여 장애인에 대한 서비스 체계를 개편했다.

이 법의 목표는 첫째, 신체적, 지적, 정신장애 등 세 가지 유형의 장애를 포괄하는 것이고, 둘째, 장애인을 중심에 두고 서비스 제공 체계를 개편하며, 셋째, 장애인이 적극적으로 노동에 참여하도록 하는 것이다.

주거 서비스는 주간 활동과 주거 지원의 두 가지 유형으로 재편되었고, 주간 활동은 돌봄 급여, 훈련 급여, 지역사회 기반 지원 프로그램으로 구성되어 있다.

[표 10] 「장애인서비스지원법(SSPDA)」에 따른 보건의료 서비스 항목

간호 서비스	가정간호	(재가간호) 집에서 목욕, 대소변, 식사 지원
	중증 장애인을 위한 간호	지속적인 간호가 필요한 중증 장애인의 목욕, 대소변, 식사 등을 가정에서 보조하고 외출 지원도 제공
	활동지원	시각장애인을 위한 대필, 낭독 및 이동 지원, 개인적 판단에 한계가 있는 장애인의 외출 지원 및 주변 위험 방지를 위해 필요한 지원
	중증 장애인 종합 지원	돌봄이 필요한 중증 장애인에게 재가 돌봄을 포함한 다양한 서비스를 포괄적으로 지원
	아동을 위한 주간 서비스	장애 아동을 위한 기본적인 일상 활동 교육 및 단체 생활 적응을 위한 오리엔테이션 제공
	단기보호 서비스	가족 보호자가 아프거나 필요한 간호를 제공할 수 없는 경우 목욕, 대소변, 식사 등이 가능한 시설에서 주간 및 야간 돌봄 서비스 제공
	간호 서비스	(의료기관에서의) 기능 훈련, 의료 서비스, 간호, 일상생활 지원 등 의료적 치료와 지속적인 돌봄이 필요한 사람을 위한 주간 지원
	일상생활 지원	목욕, 배변 및 식사 지원, 창의적, 생산적 활동 기회 제공 등 지속적인 돌봄이 필요한 사람을 위한 주간 지원

	장애인 지원 시설에서의 야간돌봄 (시설 입소 지원)	요양시설 입소자에 대한 목욕, 대소변, 식사 보조 등 야간 지원
	케어 홈 서비스	목욕, 배변, 식사 보조를 포함한 그룹 생활 거주지의 야간 또는 휴일 지원
훈련 서비스	자립 훈련(재활, 일상생활 훈련)	독립적인 사회생활을 할 수 있도록 신체기능 및 일상생활 능력을 향상시키기 위해 일정 기간 제공되는 훈련
	직업 전환 지원	일정 기간 취업에 필요한 지식과 기술을 향상시키기 위해 제공되는 훈련으로, 법인에 취업을 희망하는 사람에게 제공
	계속 고용 지원	일반 법인에서 일하기 어려운 사람에게 일할 수 있는 장소와 필요한 교육을 제공하여 지식과 능력을 향상
	집단생활 지원 (그룹 홈)	상담 및 일상생활 지원 등 집단활동 거주지에서 야간 또는 휴일 서비스 제공
지역사회 생활 지원 서비스	교통 지원	실외 이동이 어려운 장애인의 이동 지원
	지역사회 활동 지원 센터	창의적, 생산적 활동의 기회를 제공하고 사회적 상호작용을 촉진하는 시설
	복지 주택	주거가 필요한 경우 저렴하게 공간을 제공하고 일상생활에 필요한 서비스를 제공
	지역사회 복귀 지원	장애인 지원시설, 정신병원, 아동복지시설 등을 이용하는 만 18세 이상 정신장애인에 대해서는 지역사회 전환 지원 계획 수립, 상담을 통한 불안감 해소, 외출 시 지원, 주거 확보, 유관기관과 연계 등을 지원
	현지 정착 지원	집에서 혼자 생활하는 장애인을 위해 상시 연락 체계를 유지하고, 응급 상황 발생 시 필요한 지원을 제공

* 자료 : 일본 후생노동성 웹사이트(Welfare for persons with disabilities, www.mhlw.go.jp/bunya/shougaihoken/service/taikei.html)

③ 장애인 보건의료 제도 개선 방향

일본의 장애인 복지 서비스와 노인 장기요양은 도움이 필요한 사람에게 돌봄을 제공한다는 점에서 우리나라와 유사하다. 최근 일본은 노인장기요양보험 개혁을 통해 시설 중심의 서비스를 재가 서비스와 연계한 지역사회 통합돌봄으로 대체하려는 움직임이 크게 일었다. 장애인을 둘러싼 환경도 비슷한 흐름이 시작되어 장애인이 익숙한 지역사회에서 계속 살아갈 수 있도록 하는 방향으로 변화하고 있다.

일본은 스웨덴과 같은 북유럽에 비해 장애 정책이 의료적 모델에 더 치중해 있는 상태에서 물리적 접근성을 개선하는 방향으로 가고 있긴 하지만, 앞서 기술한 개혁의 흐름 속에서 2013년 「장애인차별금지 및 권리구제 등에 관한 법」이 제정되었고 전 세계 복지 정책 방향성에 맞춰 발전 중이다.

2. 국내 장애인 보건의료 제도화 현황

:

1) 우리나라 장애인 건강 관련 법률과 정책 도입 과정

유엔이 1981년을 '세계 장애인의 해'로 정하고 전 세계적으로 장애인에 대한 관심을 촉구하였다. 우리나라에서도 1981년 「심신장애자복지법」이 처음으로 제정되었다. 1989년 이 법을 「장애인복지법」으로 전면 개정하면서 저소득 장애인에 대한 생계비 지원 등 기본적 복지 서비스 확충 및 장애인에 대한 의료, 직업, 교육, 재활의 기초를 마련하여 장애인의 인권과 인간다운 삶을 보장하는 원칙과 기준을 제시하였다.

이후 「장애인고용촉진법(1990년)」, 「특수교육진흥법(1994년)」, 「장애인·노인·임산부 등의 편의증진보장법(1997년)」, 「장애인인권헌장(1998년)」이 제정, 공포되었다.

「장애인복지법」에 따라 1998년부터 매 5년마다 장애계, 학계

의견 수렴 및 관계부처 협력을 통해 장애인 정책 종합계획을 수립하게 된다.

2000년대에는 장애인 편의시설 설치 확대, 장애수당 도입, 「장애인 차별금지 및 권리구제 등에 관한 법」 제정(2007년), 활동보조 지원사업 실시(2011년) 등 장애인의 생활영역 전반으로 정책의 범위가 확대되었다.

장애인의 건강 문제가 계속 거론되면서 2015년 12월 「장애인 건강권 및 의료접근성 보장에 관한 법」(이하 「장애인건강권법」)이 제정되었고, 동 법률이 2017년 12월부터 시행됨에 따라 장애인 건강을 위한 서비스 전달체계의 구축과 실행 방안이 구체화되었다.

「장애인건강권법」은 장애인의 건강권과 의료 접근성을 보장하기 위해 중앙 및 광역 단위에 장애인보건의료센터를 지정하고. 보건소의 지역사회 중심 재활사업을 확충하는 방향으로 장애인 건강보건 전달체계를 제시하였다.

또한 재활 의료기관 지정사업을 통해 병원 내 전문 재활의료 서비스 기능을 강화하고, 장애인 건강주치의, 장애인 건강검진 등 신규 제도를 도입하여 사회 복귀를 지원하도록 명시하고 있다.

2018년부터 장애인 건강검진 기관 지정, 장애인 건강주치의 시범사업, 공공어린이재활병원 건립 등을 시작으로 2023년에는 동 법률 개정에 따라 장애 친화 산부인과 법적 근거를 마련하고, 공공보건의료기관을 장애인 건강검진 기관으로 당연 지정하는 등 「장애인건강권법」에 따른 사업을 추진하였다(보건복지부, 2023).

2) 우리나라 장애인 건강 관련 주요 제도

① 장애인 의료비 지원

저소득(의료급여 수급권자 및 건강보험 차상위 본인 부담 경감 대상자) 등록 장애인이 의료기관 이용 시 발생하는 본인 부담금 중 일부(1차 의료기관) 또는 전액(2, 3차 의료기관)을 장애인 의료비로 지원한다. 2022년 기준 장애인 의료비는 95,065명(의료급여 2종 41,731명, 차상위 본인 부담 경감 대상자 54,125명)에게 지급되었다.

② 장애인 보조기기 교부사업

저소득층 장애인(의료급여 수급자 및 차상위 계층으로 등록한 지체, 뇌병변, 시각, 청각, 심장, 호흡, 지적, 자폐성, 언어장애인)에게 장애인 보조기기를 지원한다. 2007년까지 5개 품목(욕창 방지 방석 및 커버, 음향 리모콘, 자세 보조기기, 음성 탁상시계, 휴대용 무선신호기)을 지원하였고, 2008년에 4개 품목(기립 보조기기, 진동 시계, 식사 도구, 보행 보조기기)이 추가되었다. 2019~2022년에는 6개의 품목을 추가함으로써 총

36개의 품목이 각 품목의 기준 금액 내에서 전액 지원된다.

③ 장애인 보조기기 사례관리 서비스

장애인이 사용하는 장애인 보조기기에 대한 관리 부실을 해소하고, 수요자의 이용 만족 및 보조기기 사업의 효율성을 높이고자 장애인 보조기기 사례관리 사업을 추진 중이다.

2009년 중앙(국립재활원 위탁 수행) 사례관리 시범사업을 시작으로, 2010년 2개소(대구·대전광역시), 2011년 2개소(부산·광주광역시), 2012년 1개소(경기도), 2013년 1개소(충북), 2014년 2개소(인천, 경남), 2015년 2개소(전북, 제주), 2019년 6개소(세종, 울산, 충남, 강원, 전남, 경북)의 광역 보조기기센터를 신규로 열어 서비스를 확대 시행하였다.

장애인 보조기기 사례관리 사업은 상담, 평가, 적용, 개조, 사후 관리 등 개별 맞춤 서비스를 통해 서비스 만족도를 높이고, 장애인의 사회 활동 및 사회 통합을 촉진시키고자 노력 중이다.

④ 장애인 건강보건관리 사업

보건복지부와 중앙장애인보건의료센터—시도 지역장애인보건의료센터—시군구 보건소 연계체계를 구축하여 장애인 맞춤형 건강통합 서비스를 제공한다. 장애인이 지역사회 자원을 활용하여 건강한 삶을 스스로 영위하고 주체적인 삶을 살아갈 수

[그림 8] 장애인 건강보건관리 전달체계

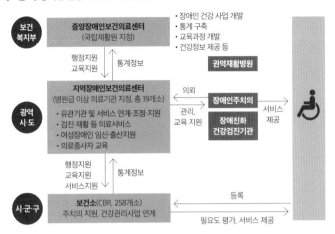

* 자료 : 한국장애인보건의료협의회, 보건복지부 장애인건강과 과장 학술대회 발표자료, 2023

있도록 장애인 건강보건관리 사업을 추진한다.

지역장애인보건의료센터는 「장애인건강권법」에 따라 병원급 의료기관을 지정하여, 장애인 주치의, 보건소 등 건강관리 사업 조정과 지원, 검진, 재활, 진료 등 거점병원 역할, 여성 장애인 임신과 출산 지원, 의료 종사자 교육 등을 수행한다.

2018년도 지역장애인보건의료센터 3개소 지정(서울 남부, 대전, 경남)을 시작으로, 2019년도 3개소 지정(서울 북부, 강원, 전북), 2020년도 4개소 지정(인천, 부산, 경기, 제주), 2021년도 4개소(대구, 광주, 충북, 경북), 2022년도에 3개소(경기 북부, 충남, 전남)를 지정하였다.

[표 11] 지역장애인보건의료센터 사업 내용

법적 기능	사업내용
장애인 건강보건 관리사업	• 대상자. 보건·의료·복지 자원 DB 구축으로 보건의료정보플랫폼 운영 • 관할 시·도의 지역장애인 건강보건관리계획 수립 지원 • 보건소 CBR사업 지원 • 장애인 통합건강관리 서비스 제공 • 의료기관 이용시 장애유형 등의 특성에 따른 편의제공, 방문진료 등 • 장애인 의료기관 이동지원 연계 및 응급의료 인계서비스 지원
여성장애인 모성보건사업	• 임신 여성장애인등록 관리(DB 구축) • 임신 여성장애인 건강 클리닉 • 여성장애인 건강관리 교실(여성질환 관련) • 참여형 동아리 사업
보건의료인력 및 장애인· 가족에 대한 교육	• 장애인 건강주치의 및 임신·출산 관련 의료인, 기타 일반 의료서비스 제공 인력에 대한 교육 • 장애인 및 그 가족에 대한 교육 • 의료기관 종사자(비의료인), 관련 학과 학생에 대한 교육 등
건강검진, 진료, 재활 등 의료 서비스 제공	• 재활의료서비스 제공(직접) • 장애 소아청소년 재활의료 서비스 제공(직접 또는 연계) • 장애인 건강 주치의 서비스 제공(직접 또는 연계) • 건강검진 서비스 제공(직접 또는 인계)

* 자료 : 보건복지부 『2022년 보건복지백서』 2023

　지역사회 재활사업은 보건소를 중심으로 장애인의 건강관리, 퇴원 후 조기 적응, 장애로 인한 2차 장애 예방, 장애인 사회참여 등 장애인에게 맞춤형 보건의료, 복지 서비스를 지원한다. 이는 장애인 건강 문제를 포괄적으로 파악하여 자원 연계를 통해 맞춤형 건강보건관리 서비스를 제공하여 장애인의 건강 상태 개선 및 자가 건강관리 능력 향상을 통한 지역사회 복귀를

[그림 9] 전국 지역장애인보건의료센터 위치

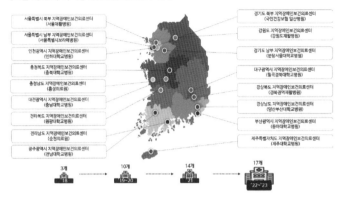

* 자료 : 한국장애인보건의료협의회, 보건복지부 장애인건강과 과장 학술대회 발표자료, 2023

목적으로 한다.

이 사업은 1981년 이래 세계보건기구의 주요 재활 정책이며 세계 90여 개 국가에서 도입하여 실시하고 있다. 우리나라는 2000년부터 16개 거점 보건소를 중심으로 지역사회 중심 재활사업을 추진하기 시작하였다.

2013년 지역사회 건강증진 사업으로 통합하여 운영하는 보건소 86개소가 2016년에는 170개소로 확대되었다. 2017년에는 통합 건강증진 사업 필수사업으로 지정하여 전국 256개 모든 보건소에서 이 사업을 추진한다.

지역사회 중심 재활사업은 장애인 건강보건관리 전달체계에

있어서 기초지역 단위 전달체계의 역할을 담당하는데 그 중요
성이 더욱 커졌다.

⑤ 권역 재활병원, 공공어린이재활병원(의료센터), 재활의료기관 건립 및

　수가 시범사업 지정

　장애인에게 질 높은 재활의료 서비스를 제공하기 위해 2006
년부터 전문 재활병원 건립 사업을 추진하여 현재 10개 권역
재활병원을 통해 전문 재활 의료 서비스를 제공한다. 사회복귀

[표 12] 지역사회 중심 재활사업 내용

영역	세부영역	세부 프로그램
건강관리 서비스	장애인 건강관리	배뇨·배변관리, 욕창·피부관리, 양양관리, 통증관리, 연하관리, 호흡관리, 만성질환 관리 등
	재활교육 및 훈련	재활운동 교육, 일상생활 동작 훈련, 관절구축 예방교육, 2차 장애예방 교육, 생활안전 교육 등
사회참여 서비스	장애인 사회참여	외출·나들이·체험, 동료상담, 자조모임, 스포츠·레크리에이션, 가족 소모임 등
자원연계 서비스	지역자원 연계	통합건강증진사업 내 연계, 의료기관과 연계(지역장애인보건 의료센터 등), 장애인복지관과 연계, 자활센터와 연계, 행정기 관과 연계, 보조기기센터와 연계, 장애인 단체와 연제, 자원봉 사자(활동보조)와 연계, 가옥 내 편의시설 지원, 장애인운전지 원 등
자기역량 서비스	자기역량 강화	자가 건강운동 및 복지정보 가이드북·리플렛 제공 등
기타	사업홍보 등	

* 자료 : 보건복지부, 『2022년 보건복지백서』, 2023

지원, 방문재활 프로그램 등 공공 재활 프로그램을 제공함으로써, 장애인의 효과적인 사회 복귀를 지원한다.

2021년부터는 장애아동 재활치료를 위하여 공공어린이재활병원 4개소(서울, 경기, 경남, 충남)와 공공어린이재활의료센터 8개소(경북권2, 전남권2, 강원권2, 충북권1, 전북권1, 제주권1)를 건립하거나 지정하였다. 또한 회복기 집중 재활치료 및 지역사회 복귀를 위해 제1기 재활 의료기관 지정과 운영 본사업 시행 및 2단계 수가 시범사업을 추진 중이다(총 53개소).

⑥ 발달재활 서비스 및 언어발달 지원

뇌병변, 지적, 자폐성, 언어, 청각 및 시각 장애아동 중 기준소득 이하 가구에게 발달재활(언어·청능, 미술·음악, 행동·놀이·심리, 감각·운동 등) 및 언어재활(언어재활, 독서지도, 수화지도) 서비스를 제공하고 있다.

⑦ 장애인 건강주치의 시범사업 운영

「장애인건강권법」에 따라 보건복지부는 2018년 5월부터 현재까지 3차에 걸쳐 장애인에게 필수의료 서비스 이용 접근성 향상을 위한 장애인 건강주치의 시범사업을 시행 중이다. 장애인 건강 문제를 포괄적이고 지속적으로 지원하기 위해 포괄평가, 교육상담, 방문진료 및 방문간호 서비스 등을 제공하고 있으나 아직까지 장애인 당사자와 의료기관 모두 참여율이 저조한 상황이다.

⑧ 장애인 구강보건사업 추진

장애인에 대한 치과의료 서비스의 접근성 및 전문성을 향상하고, 장애인 구강진료의 거점 역할을 수행하기 위해 치과병원, 종합병원 등에 장애인 구강진료센터를 설치하여 운영하고 있다.

중앙장애인구강진료센터 1개소, 권역장애인구강진료센터 14개소 운영 중이다. 기초생활수급자 장애인은 비급여 진료비 총액의 50%, 치과 영역 중증 장애인(뇌병변장애 중증·경증, 지체장애 중증, 정신장애 중증, 뇌전증장애 중증·경증, 지적장애 중증, 자폐성장애 중증)은 비급여 진료비 총액의 30%, 기타 장애인은 비급여 진료비 총액의 10%를 지원한다.

⑨ 장애인 활동지원 제도 및 발달장애인 주간 활동 서비스 제공

장애인의 자립생활 욕구에 능동적으로 대처하기 위해 2011년 시행된 활동지원 제도는 6~64세 지원 대상자의 필요에 따라 일상생활 및 사회활동을 지원하고 생활환경 및 중증도를 반영해 최대 이용 가능 시간을 확대하였다.

최근 두 차례 법 개정(2020년 12월, 2022년 6월)을 통해 기존 활동

지원 수급자 중 65세 이후 사회활동이 어려운 사람 및 65세 미만의 노인성 질환을 겪는 장애인도 활동지원 신청이 가능하도록 하였다.

또한 18~64세의 지적 및 자폐장애인이 지역사회의 다양한 기관·장소를 이용하고 참여할 수 있도록 바우처를 제공한다.

⑩ 노인장기요양보험제도

노인장기요양보험제도는 장애인만을 대상으로 하는 제도는 아니지만 장애인의 절반이 65세 이상 노인으로 관련이 높은 제도이다. 이 제도는 65세 이상 노인과 65세 미만이라도 노인성 질환을 가진 국민 중 6개월 이상 혼자 일상생활이 어려운 사람에게 재가급여, 시설급여 및 특별 현금급여를 제공한다.

재가급여는 요양보호사, 간호사 등이 수급자의 가정을 방문하여 신체활동 및 가사 활동 등을 지원하는 서비스로 방문요양, 방문목욕, 방문간호, 주야간보호, 단기보호, 기타 재가급여 (복지 용구) 서비스가 있다. 시설급여는 수급자가 노인요양시설 등에 장기간 입소하여 신체활동 지원 등의 서비스를 제공 받는다. 이외에도 특별 현금급여인 가족 요양비 등이 포함되었다.

이처럼 우리나라도 장애인 건강 향상을 위한 여러 보건의료 서비스 항목을 갖추었으나 서비스의 양과 질적 수준에서 차이가 크다. 최근(2024년 3월) 의료, 요양 등 돌봄 서비스를 통합적으로 제공하기 위한 「의료, 요양 등 지역 돌봄의 통합지원에 관한 법」(약칭 「지역돌봄법」)'이 국회 본회의를 통과해 장애인도 자신이 살던 곳에서 건강한 생활을 영위할 수 있는 법적인 기반이 마련되었다. 「장애인건강권법」과 「지역돌봄법」을 토대로 장애인이 건강한 삶을 살 수 있는 환경을 보다 적극적으로 마련해 가야 할 시점이다.

3장

시사점 및 과제

1. 우리나라 장애인 보건의료 부문의 쟁점 및 과제

:

1) 장애인에 맞는 건강증진 모델 제시 필요

장애인과 전체 인구집단의 건강 요구는 비슷하지만 건강증진 프로그램 단계로 내려가면 차이가 있다. 그 이유를 살피려면 장애의 정의를 상기할 필요가 있다. 장애는 건강 상태의 다른 말이 아니다. 척수손상, 망막병증, 조현병이 있음이 곧바로 장애가 아니고 그로 인해 일상생활과 사회생활에 상당한 어려움을 겪는 '상황'이 장애이다.

건강 이슈를 다루는 국제기구인 세계보건기구는 2001년 기능, 장애, 건강에 대한 국제분류(ICF)를 승인하면서 처음으로 '장애는 한 사람의 건강 상태나 손상뿐만 아니라 그 사람이 처한 환경의 근본적인 영향으로 정의해야 한다'고 천명했다. 즉 한 사람이 나쁜 건강 상태나 손상을 겪은 후 그를 둘러싸는 환경들이 그의 삶에 계속 부정적 영향을 미칠 때 장애는 발생한다.

따라서 장애인의 건강증진 모델을 고민할 때 개인적 요인, 환경적 요인과 같은 맥락적 요인을 부차적으로 다루어서는 궁극의 목표인 건강한 삶을 구현할 수 없다.

미숙아 망막병증으로 시력을 잃은 아이가 시각 보조기구나 적절한 교육자료가 없어 학교에 다닐 수 없음에도 신체 건강은 잘 유지한다고 건강한 삶을 살 거라고 기대하기 어렵다. 휠체어로만 이동이 가능한 장애인이 2층에 거주한다면 계단을 이용할 때마다 이동 지원이 필요하다.

지원이 없으면 그가 현재 건강 상태를 잘 유지하고 있다 하더라도 장기적으로 건강 유지가 가능하리라 믿기 어렵다. 지적장애가 있다면 일반 인구집단을 대상으로 제작된 건강정보를 이해하기 어려워 언어나 읽기 수준 또는 형식(주로 그림으로 표현하는 방식)의 보완이 필요하다.

이런 점에서 보건의료 접근성 확보, 장애에 대한 의료종사자의 이해 및 장애인의 일상생활과 사회 참여 지원은 일반 건강증진 모델에서보다 장애인 대상 모델에서 더 큰 비중을 차지하고 명시적으로 들어갈 필요가 있다.

동시에 장애인의 기저 건강 상태는 더 나쁜 건강, 부상, 질병을 겪을 위험을 키운다는 점에서 건강증진 모델에서 중요하게 다루어야 할 지점이다.

비장애인이라면 가볍게 넘어갔을 상황이 취약한 장애인에게 는 위험 요인이 될 수 있고 이차적 문제를 야기할 수 있다. 사 전에 관리했다면 예방이 가능함에도 이를 위한 제도가 부재하 고 여건이 안되거나 사회적 지원도 없어 결과적으로 장애인에 게 이차적 문제를 유발하기 십상이다.

고전적 건강증진 모델에서 늘 강조하는 예방적 건강관리는 장애인에게도 여전히 중요하고 보다 계획적일 필요가 있다.

마지막으로 장애인 건강증진 모델은 장애인, 장애인 가족, 장 애인 단체, 보건의료기관 및 단체, 지역사회 자원, 지방자치단 체, 정부 등 여러 참여자 및 자원을 포함하는 다층적 접근이 매 우 중요하다. 폭넓은 지역사회 개입이 없으면 장애인의 사회 참여는 계속 난관에 부딪힐 것이며 결과적으로 삶의 질을 담보 할 수 없다.

장애인의 건강은 장애인에 대한 사회적, 경제적, 정치적 차

장애인 건강증진모델 설계시 고려지점		
보건의료 접근성 확보, 장애감수성 교육, 일상생활 및 사회참여 지원을 비중있게 설계	장애에 따른 이차적 건강문제 예방을 적극적으로 고려	지역사회자원을 폭넓게 활용하고 연계할 수 있는 방안을 모색

별, 소득, 교육, 고용과 같은 사회경제적 요인에 영향을 받는 동시에 반대로 영향을 줄 수도 있다. 장애에 대한 이해에 기반한 건강증진 모델을 활용해 건강 취약성을 줄이고 의료 접근성을 높이며 다층적으로 접근하여 보건의료 활동이 다시 장애인에 대한 구조적 차별에 맞설 수 있는 힘이 되도록 노력해야 한다.

2) 보건의료 접근성 문제를 '보건의료 정책 의제'로 설정

장애인과 비장애인 간 건강 격차 중 일부는 기저 건강 상태로 어느 정도 설명할 수 있으나 나머지 상당 부분은 근본적인 건강 상태로 설명할 수 없는 데다 피할 수 있었던 요인과 관련이 있다.

장애인의 낮은 보건의료 접근성은 피할 수 있는 건강 저해 요인 중 하나로 적극적으로 해결해야 할 중요한 과제이다. 장애인이 비장애인과 동등하게 보건의료 서비스를 받지 못하면 교육이나 고용과 같은 다른 기본권을 실현하는 데 악영향을 미친다는 점에서도 매우 중요하다.

보건의료 접근성은 지리적, 물리적, 경제적, 사회문화적(의사소통, 보건의료인의 태도 및 장애 감수성 포함), 환경적(장애 유형에 맞는 안내 및 설명자료 등) 접근성으로 구분할 수 있다.

이 중 보건의료기관까지의 이동 지원은 그동안 보건의료 영역에서 다루지 않았다. 그러나 2020년 장애인 실태조사에 따르면 본인이 원하는 때 병의원에 가지 못한 이유로 의료기관까지 이동이 불편해서라고 답변한 경우가 29.8%로 가장 높았다. 의료기관 예약 시 이동 수단에 대한 예약이 동시에 이루어지는 등 장애인 당사자 중심으로 예약의 편의성을 높일 수 있는 방안을 마련할 필요가 있다. 보건의료의 물리적 접근성은 직접적으로 드러나는 부분으로 가장 자주 거론된다.

2018년부터 장애인이 불편 없이 건강검진을 받을 수 있도록 보조 인력과 시설, 장비 등을 갖춘 22개소(2024년 기준) 병원을 장애 친화 건강검진 기관으로 지정하면서 운영 기본 조건으로 다음과 같이 시설, 장비, 의사소통 측면을 제시한 바 있다.

장애인 건강검진기관 지정의 취지에 맞는 운영 기본 조건

① 장애 유형별 접근 가능한 방법으로 검진에 대한 정보와 안내가 제공되는가?
② 검진 의료기관의 시설과 설비가 장애인들이 접근 가능한가?
③ 특정 장애 유형에 필요한 정보와 의사소통 보조기기들이 갖추어져 있는가?
④ 검진 시 시행되는 검사, 진료, 처방 등이 각 장애 유형에 맞춰져 있는가?
⑤ 장애인들이 가지고 있는 의학적 상태를 고려하여 검진이 시행되고 있는가?
⑥ 재가 장애인들의 건강검진에 대한 정보 접근성 및 검진기관까지 물리적 접근성이 확보되어 있는가?

그러나 보건복지부가 당초 100여 개 지정을 목표로 했으나 22개소만 지정을 받았고 그중에서도 15개소만 실제 운영 중인 상황만 보아도 장애인의 보건의료 접근성이 그동안 얼마나 낮

은지를 가늠할 수 있다.

보건복지부는 2021년부터 여성 장애인이 산부인과 서비스를 받을 수 있도록 장애 친화 산부인과 지정사업을 추진하는데 현재 전국에 10개소가 운영 중이다. 아직 운영기관이 턱없이 부족하고 보건의료 접근성의 모든 측면을 고려하고 있지는 않으나 아래와 같이 지정사업 안내서에 접근성의 여러 측면을 방향성으로 제시하고 있는 점은 긍정적이다.

장애 친화 의료기관 지원사업에서 엿볼 수 있는 것처럼 보건의료 접근성을 개선하기 위한 정책 활동이 진행 중이지만 아직

[그림 10] 장애 친화 산부인과 전경

| OO병원 장애 친화 산부인과 | OO병원 장애 친화 산부인과 진료실 |
| OO병원 장애 친화 산부인과 편의시설 | OO병원 장애 친화 산부인과 편의시설 |

* 자료 : 보건복지부, 「장애 친화 산부인과 개소」, 보도자료, 2023.11.8

[표 13] 장애 유형별 산부인과 서비스 개선 과제의 예

구분		척수	지체	시각	청각	뇌병변	지적
진료 접수	장애인주차장	O	O	O		O	
	점자 현황판 및 블록			O			
	장애인 동행 서비스	O	O	O	O	O	O
	장애인전담 진료접수 창구	O	O	O	O	O	O
	장애인 인식개선	O	O	O	O	O	O
	장애인 산모 대기실	O	O			O	
	진료순서 호명방법 개선			O	O		
산전 검사	채뇨실 내 휠체어 진입	O	O			O	
	채뇨용기 개선	O	O			O	
	채뇨절차 개선	O	O	O		O	
	장애인화장실 접근성 향상	O	O			O	
	휠체어전용 체중계	O	O			O	
	모든 검사실 휠체어 진입	O	O			O	
	모든 검사실 침상개선	O	O			O	
	검사결과 전달체계 개선			O	O		O
	기형아 검사 강요 근절	O	O	O	O	O	O
	장애특성을 고려한 활동보조 지침	O	O	O	O	O	O
진찰실	탈의실 개선	O	O	O		O	
	검사용 하의 개선	O	O			O	
	탈의 시 적정한 활동보조	O	O			O	
	진찰실 내 휠체어 진입	O	O			O	
	진찰대 높낮이 및 폭 개선	O	O			O	
	진찰대 등받이 각도 지침(유형별)	O	O			O	
	일회용 위생시트 소재 개선	O	O			O	
	다리 고정장치 필요	O	O			O	
	장애특성을 고려한 진단	O	O	O	O	O	O
	장애특성별 협진 활성화	O	O	O	O	O	O
분만 및 산후 관리	분만방법에 대한 상세한 설명	O	O	O	O	O	O
	장애특성별 마취방법 안내(후유증 포함)	O	O	O	O	O	O
	제왕절개 강요 근절	O	O	O	O	O	O
	장애특성을 고려한 소통	O	O	O	O	O	O
	분만대에서의 인권침해	O	O	O	O	O	
	수유실 접근성 이동성 향상	O	O	O		O	
	수유용 의자 개선	O	O			O	
	장애특성을 고려한 수유지도	O	O	O	O	O	O
	장애특성을 고려한 산후관리	O	O	O	O	O	O
	출산이 장애진행에 미치는 영향 연구	O	O	O	O	O	O

* 자료 : 『장애 친화 산부인과 지원 사업 안내서』(2022년) 내 제시된 참고 자료(배선희 등, 「장애 여성의 안전한 출산을 위한 의료 서비스 지원방안 연구」, 2015)

[표 14] 장애 친화 산부인과 장애 여성 전담 코디네이터 역할의 예

구분	주요 사항
진료예약	• 진료시간을 길게 잡을 것 • 가장 접근성이 높은 진료실 선택 및 필수장비 준비 • 직원들 간 사전 실습 • 장애여성 방문 시 동원할 수 있는 직원(또는 팀) 교육 및 매칭
예비진료 (필수 질문)	• 생리 시 특정 증상(신체적, 감정적) • 성관계 기록(성적 학대 경험 포함) • 피임의 필요성 • 출산기록 및 출산계획
자궁검사 준비	• 검사의 목적 • 신체적 안정감과 검사대에서 떨어지지 않을 것이라는 자신감 부여 • 추가적으로 사용할 수 있는 패드와 쿠션, 담요 등 준비
진료실 이송	• 장애의 특성에 맞는 이송계획 수립 및 장비와 인력 준비
진료 과정	• 진료 시 환자가 취할 수 있는 대안적 자세와 도움
자궁 검사	• 경련에 대한 적절한 대처 • 환자를 잘 도울 수 있도록 원활하게 소통
자궁암 검사	• 장애여성에게 상당히 불편한 검사임을 기억할 것 • 환자가 반사 부전증에 대한 두려움을 극복할 수 있도록 도움
사례 관리	• 장애여성 산모의 임신출산에 대한 사례가 충분히 축적되고 장애유형별로 다양한 사례들이 관리되어 장애여성 산모를 위한 도움과 의료적 개입이 보다 효과적으로 이루어질 수 있도록 통합적 관리

* 자료 : 『장애 친화 산부인과 지원 사업 안내서』(2022년) 내 제시된 참고 자료(배선희 등, 「장애 여성의 안전한 출산을 위한 의료 서비스 지원방안 연구」, 2015)

첫걸음을 떼는 단계이고 주로 물리적 접근성을 중심으로 하고 있어 한계가 있다.

장애 감수성, 장애 유형별 적절한 의사소통도 매우 중요한 영역이다. 예컨대 시각장애인을 진료할 때 의료진은 먼저 인사와 함께 자신의 이름과 역할을 소개하여 누가 말하는지 알 수 있도록 한 후 대화를 시작해야 한다. 사물이나 상황에 대해 명확하게 설명을 해야 하며 가능한 간결하게 말하는 것이 좋다. 진료나 검사의 각 단계마다 어떤 검사를 할지 자세하게 설명을 해주어야 시각장애인이 상황을 미루어 짐작할 수 있다. 시각장애인의 몸에 검사 도구를 댈 때는 미리 알려 주어야 한다. 시각장애인 이동 시에는 주변 상황에 대해 이야기 해주는 것이 좋고, 길 안내 시 시각장애인을 안내인의 약간 뒤쪽에 서게 하고, 안내인은 팔을 옆구리에 붙이고 시각장애인에게 팔꿈치 바로 위를 잡게 하는 것이 좋다.

반면 청각장애인의 주요 의사소통에는 손으로 말을 하는 수화, 입 모양을 보고 이해하는 구화, 메시지를 종이에 기록하며 소통하는 필담 등이 있다. 청각장애는 겉으로 잘 드러나지 않는 장애 유형이므로 보청기 착용 여부 혹은 수화 사용 여부 확인이 필요하다. 청각장애인마다 청력 손상 정도가 다르기 때문에 청각장애인은 무조건 듣지 못할 것이라고 추측해서는 안된다. 청각장애인과 대화 시 소리를 지르지 말고 듣기에 어려움

[그림 11] 시각장애인 길 안내하기

안내를 시작할 때
안내자의 팔꿈치를 시각장애인이 잡을
수 있도록 해주세요.

정확한 안내법
시각장애인이 안내자의 팔꿈치를 잡은
상태에서 안내자가 반보 앞서 걷는다.

* 자료 : 부산 점자도서관 안내문, www.angelbook.or.kr(박종혁, 「장애 유형별 장애인 건
강검진 매뉴얼 개발 연구」, 국립재활원, 2016)

이 없는지 먼저 물어야 한다. 잔존 청력이 있는 경우 좌, 우를
확인하여 좀 더 잘 들리는 방향으로 이야기하고, 청각장애인과
대화를 시작하기 전에는 먼저 시선을 끄는 것이 중요하다.

　이처럼 효과적인 의사소통 방식은 장애 유형별로 다르고 같
은 장애 유형 내에서도 상황에 따라 다를 수 있어 이를 이해하
는 과정이 필요하다. 「장애인건강권법」 시행 후 아래와 같이 장
애인과의 의사소통에 대한 자료들이 제작 중이지만 사회복지
서비스 기관 종사자에 비해 보건의료인의 장애 감수성은 상당
히 낮은 상황이다. 보건의료인이 장애인과 의사소통 방법을 체
화할 수 있도록 지속적인 관심이 필요하다.

[표 15] 장애인 의료기관 내원 시 의사소통 관련 안내문의 예

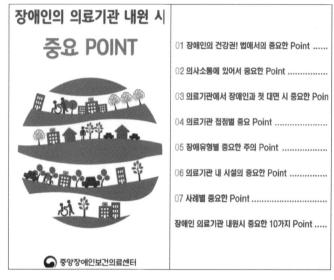

장애인의 의료기관 내원 시
중요 POINT

01 장애인의 건강권! 법에서의 중요한 Point ......

02 의사소통에 있어서 중요한 Point ....

03 의료기관에서 장애인과 첫 대면 시 중요한 Poin

04 의료기관 접점별 중요 Point ....

05 장애유형별 중요한 주의 Point ....

06 의료기관 내 시설의 중요한 Point ....

07 사례별 중요한 Point ....

장애인 의료기관 내원시 중요한 10가지 Point .....

중앙장애인보건의료센터

* 자료 : 중앙장애인보건의료센터, 「장애인의 의료기관 내원 시 중요 POINT」, 2018

3) 장애인 필요를 중심으로 하는 보건의료 서비스와 복지 서비스 통합

그동안 각각의 영역에서 서비스를 발전시키고 분화해 온 보건과 복지 서비스는 통합이라는 사회적 요구에 직면해 있다. 이는 전 세계적인 현상으로 인구 고령화와 만성질환 중심의 질병 구조에 맞게 보건복지 체계를 변화시키려는 추세의 반영이다.

전쟁과 굶주림에서 벗어난 대부분 국가는 국민이 자기가 살던 곳에서 노령기를 맞이하고 건강하며 인간다운 삶을 살 수

있도록 사회제도를 재정비하고 있다. 거주지 중심 보건복지 통합돌봄 체계는 개인의 안녕뿐만 아니라 사회적 부담도 줄일 수 있는 효율적인 방안이기 때문이다.

우리나라도 2018년 11월에 지역사회 통합돌봄(커뮤니티 케어) 기본계획을 발표한 이래 케어안심 주택 등 주거 인프라 확충, 방문형 보건의료 서비스 제공, 돌봄 서비스의 확대를 골자로 하는 지역 주도형 정책을 시작했다. 장애 정책 부문으로 한정하면 장애인 활동지원, 노인장기요양보험제도, 장애인 통합돌봄 선도사업 및 장애인 주치의 시범사업이 지역사회 통합돌봄 정책과 연관되어 있다.

장애인의 자립생활 욕구에 능동적으로 대처하기 위해 2011년 시행된 활동지원 제도는 지원 대상자의 필요에 따라 일상생활 및 사회활동과 방문간호 및 방문목욕을 지원하고 생활환경 및 중증도를 반영해 최대 이용 가능 시간을 확대하고 있다. 최근 두 차례 법 개정(2020년 12월, 2022년 6월)을 통해 기존 활동지원 수급자 중 65세 이후 사회활동이 어려운 사람 및 65세 미만의 노인성 질환을 겪는 장애인도 활동지원 신청이 가능하도록 하고 있다.

노인장기요양보험은 65세 이상 노인과 65세 미만이라도 노인성 질환이 있는 국민 중 6개월 이상 혼자 일상생활이 어려운 사람에게 재가급여, 시설급여 및 특별 현금급여를 제공한다.

재가급여는 요양보호사, 간호사 등이 수급자의 가정을 방문하여 신체활동 및 가사 활동 등을 지원하는 서비스로 방문요양, 방문목욕, 방문간호, 주야간보호, 단기보호, 기타 재가급여(복지 용구) 서비스가 있다. 시설급여는 수급자가 노인 요양시설 등에 장기간 입소하여 신체활동 지원 등의 서비스를 제공 받는다. 이외에도 특별 현금급여인 가족 요양비 등이 포함되어 있다. 또한 외출 등 이동이 어려운 수급자를 위해 지방자치단체의 교통약자 이동지원 차량을 활용하고 요양보호사 동행 지원을 결합하여 수급자의 이동을 지원하는 서비스를 시범사업으로 추진 중이다.

2019년 6월부터 지역사회 장애인에 대해 주거, 건강, 돌봄 등을 통합적으로 지원하기 위한 '지역사회 통합돌봄 선도사업'을 대구 남구와 제주 제주시에서 진행 중이다. 선도사업 지역 여건과 대상자 욕구에 맞추어 주거 지원, 복지 서비스 연계, 통합 제공 모델을 마련하기 위하여 해당 지역에서 사업을 추진한다.

[표 16] 장애인 지역사회 통합돌봄 선도사업 주요 서비스 제공현황

('22.1. 기준, 단위: 개소)

시군구	프로그램 연계자	보건·복지 연계자원 유형별					
		소계	주거	신체·정신 건강관리	일상생활	일자리	문화·여가· 돌봄 등
총계	2,715	6,003	897	2,116	2,078	87	825
대구남구	1,533	2,315	290	889	554	57	525
제주시	1,182	3,688	607	1,227	1,524	30	300

* 자료 : 보건복지부, 『2022년 보건복지백서』, 2023

2018년부터 시작된 장애인 건강주치의 시범사업은 전체 장애인을 대상으로 하고 방문 서비스를 확대하는 방향으로 추진하지만 아직까지 장애인의 이용률이 전체 장애인의 1%대로 저조하다.

보건복지부가 시행하는 장애인 건강주치의는 '의료기관'과 '치료'에 초점을 맞춘 사업으로, 지역사회 중심의 다학제팀 접근이 필요하며 기관 중심의 사업 방식에서 벗어나 장애인 건강관리를 목표로 마을의 다양한 자원이 유기적으로 연계할 필요성이 제기된다.

일본, 스웨덴, 영국과 마찬가지로 우리나라도 앞으로 지역사회를 기반으로 장애인을 중심에 두고 다양한 전문인력과 서비스가 연계되는 방향으로 서비스 구조가 재편될 것이다. 아직까지 장애인 활동지원, 노인장기요양보험, 장애인 건강주치의, 장애인 지역사회 통합돌봄 사업은 제각각 추진되고 있으나 향후 이용자인 장애인을 중심으로 유기적으로 연계될 것으로 기대한다.

이를 위해 장애인이 장기요양보험을 이용할 수 있는 시점을 나이에 구애받지 않고 종합적으로 판단하거나 활동지원과 장기요양보험 제도를 통합해 운영하는 방안 등을 적극적으로 모색할 필요가 있다.

4) 장애인 재난 안전 대응 체계 강화에 보건의료 부문 포함 필요

전 세계가 코로나19 대유행을 함께 겪는 과정에서 장애인과 같은 건강 취약계층이 보건의료 재난에 훨씬 취약함에도 이에 대한 대비가 전혀 이루어지지 않았다는 사실을 절실히 깨달았다. 실제 거주시설이나 장기 요양시설에 거주하는 장애인의 코로나19 감염률이 일반 인구와 비교해 4~5배 높다고 보고되었다. 이는 대부분 필수 예방 조치 및 서비스가 제대로 이루어지지 않았기 때문이다.

게다가 전염병 대유행에 따른 격리, 물리적 거리두기, 휴교, 보건의료 서비스 중단 혹은 이용 제한은 결과적으로 장애인의 취약한 건강 상태를 악화시키거나 이차적 문제를 야기할 위험이 컸다. 마스크 착용과 물리적 거리두기 등의 예방 조치 또한 일부 장애인에게는 의사소통의 큰 장애물로 작동한다.

평상시 장애 포용적인 보건의료 체계를 구축한다면 보건의료 재난 상황에서 장애인과 같은 건강 취약계층을 보다 안전하게 지킬 수 있다. 동시에 평상시 보건의료 재난 상황 관련 기획 과정에서 장애인의 필요를 반영해 대비책을 마련하는 노력이 반드시 필요하다.

2. 향후 발전 방향

:

장애는 인간 경험의 필수적인 요소로 건강 상태 또는 손상과 사회적 태도, 인프라에 대한 접근성, 연령, 차별적 정책, 나이와 같은 여러 맥락적 요인 사이의 상호작용의 결과이다.

장애인 건강의 전 주기(Care Continuum), 즉 기저 건강 상태의 진단, 치료, 재활, 이차적 문제 예방 및 사회 참여는 한 방향으로 변하는 게 아니라 쌍방향 혹은 역방향으로 상호 영향을 미치며 장애인의 건강을 변화시킨다.

이 가운데 기능, 장애, 건강에 대한 국제분류(ICF)에서 언급한 개인 요인과 환경 요인이 맥락적 요인으로 작용해 장애인의 건강을 결정짓는다. 따라서 장애를 유발한 기저 건강 문제 발생 시점부터 의료적 모델을 기반으로 하는 적정 진료 및 집중적 전문재활과 함께 맥락적 요인에 대한 고려가 필요하다.

또한 기저 건강 문제 발생 후 급격한 신체구조 및 기능변화에 적응하고 병원에서 사회로 나아가기 위한 전환기 프로그램 (Transition Program)이 제공되어야 한다.

지역사회에서 건강을 관리할 수 있도록 지원하는 다학제 주치의 팀 접근, 건강증진 서비스 및 보건-복지 연계 프로그램이 필요하다. 그리고 장애인 보건의료 전달체계가 작동할 수 있도록 정보시스템 구축, 보조기기 개발 및 보급, 장애인 보건의료 전문인력 양성 및 거버넌스 구축이 병행되어야 할 것이다.

모든 보건의료 사업은 장애인을 중심에 놓고 기획하고 실행하며 모니터할 것을 권고한 세계보건기구의 최근 제안에서 볼 수 있는 바와 같이 장애는 더 이상 보건의료 정책에서 별도로 취급하는 부분이 아니다.

세계보건기구 보고서는 수많은 자료 검토를 통해 장애인의 건강 형평성을 살피고 나아갈 방향을 제시한다. 보건의료 모든 영역에서 장애인의 건강 형평성을 우선하고 보건의료 정책 실행 과정에 장애인 당사자의 참여를 보장하며 정책 평가 시 장애인의 건강 형평성 달성도를 살피라고 조언한다(세계보건기구, 2022).

실제 장애 포용적 보건의료 정책은 결과적으로 모두에게 이익이다. 장애 포용적 조치의 혜택을 받을 수 있는 인구집단의 좋은 예로 노인을 들 수 있는데, 인구 고령화의 예측 가능성과 가속화되는 속도에도 불구하고 현재 많은 노년층은 장애인과 유사한 건강 불평등을 경험하고 있다.

고령자의 경우 연령 차별, 신체 및 정신 건강 악화, 인지 기능 저하, 사회적 고립 및 외로움 증가, 폭력 및 학대 위험이 크다는 점에서 장애인이 경험하는 어려움과 교차한다. 장애 포용적 보건의료 제도는 노인뿐 아니라 건강 취약계층 누구에게나 혜택을 줄 수 있어 보다 적극적으로 모든 보건의료 제도에 반영해 가야 할 것이다.

기존 장애인 종합계획에서 제시한 보건정책 방향에 더해 장애인을 중심에 둔 건강증진 모델, 보건의료 접근성 설계 및 지역사회 통합돌봄이 실현되기를 기대해 본다.

참고문헌

김도현, 『장애학 함께 읽기』, 그린비, 2020

김소영, 박종혁, 「우리나라 장애역학과 보건의료정책」, 『대한의사협회지』, 65, 655-661, 2022

박종혁, 「장애인 건강문제, 어떻게 접근할 것인가?」, 『시민건강이슈』, 2017-07호, 2017

찰스 E. 드럼, 글로리아 크란, 행크 버사니 주니어, 『보건장애학』, 서울의학서적, 박종혁, 김소영, 황인욱 옮김, 2024

박종혁, 「장애 유형별 장애인 건강검진 매뉴얼 개발 연구」, 국립재활원, 2016

배선희 등, 「장애 여성의 안전한 출산을 위한 의료 서비스 지원방안 연구」, 2015

보건복지부, 『2014년 장애인 실태조사』, 2015

보건복지부, 『2017년 장애인 실태조사』, 2018

보건복지부, 『2020년 장애인 실태조사』, 2021

보건복지부, 『2022년 보건복지백서』, 2023

보건복지부, 「장애 친화 산부인과 개소」, 보도자료 2023.11.8

보건복지부, 「장애인건강과 발표자료」, 『한국장애인보건의료협의회 학술대회 자료집』, 2023

부산점자도서관 안내문(www.angelbook.or.kr)

유동철, 「영국 장애인 보건의료정책의 동향」, 『국제사회보장리뷰』, 4, 53-61, 2018

주영국대사관, 『영국 장애인 정책』, 2009 (https://overseas.mofa.go.kr/gb-ko/brd/m_8388/view.do?seq=898608)

중앙장애인보건의료센터, 「장애인의 의료기관 내원 시 중요 POINT」, 2018

한국장애인재단, 『WHO 세계장애보고서』, 2012

Drum CE, Krahn GL, Bersani H, "Disability and pubic health" *American Public Health Association*, 2009

Gerhart KA, "Quality of life following spinal cord injury: knowledge and attitudes of emergency care providers" *Annals of Emergency Medicine* 23(4):807-12, 1994

Institute of Medicine, "Disability in America: toward a national agenda for prevention" 1991

Lee DH, Kim SY, Park JH, et al, "Nationwide trends in prevalence of underweight, overweight, and obesity among people with disabilities in South Korea from 2008 to 2017" *International Journal of Obesity,* 46(3):613-622, 2022

McGinnis, J.M., P. Williams-Russo, J.R. Knickman, "The case for more active policy attention to health promotion" *Health Aff (Millwood)*, 21(2):78–93, 2002

Marge M, "Health promotion for persons with disabilities: moving beyond rehabilitation" *Am J*

Health Promot, 2(4):29-44, 1988

National Academies of Sciences, Engineering, and Medicine, Exploring data and metrics of value at the intersection of health care and transportation: proceedings of a workshop The National Academies Press, 2016

National Institute of Population and Social Security Research, *Population and social security in Japan,* 2019

Rimmer JH, "A conceptual model for identifying, preventing, and managing secondary conditions in people with disabilities" *Physical Therapy,* 91(12): 1728-1739, 2011

Shin DW, Park JH, "Disparities in cervical cancer screening among women with disabilities: a national database study in South Korea" *Journal of Clinical Oncology,* 36(27):2778-2786, 2018

Sweden National Board of Health and Welfare, *Swedish disability policy,* 2009

UK Government, *National disability strategy,* 2021

World Health Organization, *ICF: International Classification of Functioning, Disability and Health,* 2001

World Health Organization, World report on disability, 2011

World Health Organization, *Global disability action plan 2014-2021,* 2014

World Health Organization, *Global report on health equity for people with disabilities,* 2022

Yamada, M., Arai H, "Long-term care system in Japan" *Annals of Geriatric Medicine and Research,* 24(3):174-180, 2020

한뼘문고 05

장애인 보건의료

초판 1쇄 발행 2024년 12월 5일

지은이 김소영 박종혁 기획 돌봄과미래, 한국장애인보건의료협의회

펴낸이 이보라 펴낸곳 건강미디어협동조합

등록 2014년 3월 7일 제2014-23호 주소 서울시 사가정로49길 53

전화 010-2442-7617 팩스 02-6974-1026 전자우편 healthmediacoop@gmail.com

값 9,000원 ISBN 979-11-87387-38-1 03330